高职高专

会展策划与管理
专业系列教材

高职高专会展策划与管理专业系列教材

会展营销

第2版

主　编　陈　薇
副主编　廖慧娟　郭晓慧　伍　锋　马　瑞

重庆大学出版社

内容提要

本书在服务营销理论的基础上,根据国际上会展概念 MICE 中包含的会议、奖励旅游、展览和事件,逐一对其营销特点和模式进行具体分析,将行业和企业的新变化、企业的新要求及时更新进教材,使其内容生动、形象,并且围绕企业岗位需求,基于工作过程进行教学设计,基于能力本位选取教学内容,力求体现近年高职教学改革创新与实践成果。

本书可作为高职高专会展策划与管理专业和旅游管理类专业的学生教材,也可作为会展从业人员的培训用书。

图书在版编目(CIP)数据

会展营销 / 陈薇主编. -- 2 版. -- 重庆:重庆大学出版社,2022.2
高职高专会展策划与管理专业系列教材
ISBN 978-7-5624-7587-3

Ⅰ. ①会… Ⅱ. ①陈… Ⅲ. ①展览会—市场营销学—高等职业教育—教材 Ⅳ. ①G245

中国版本图书馆 CIP 数据核字(2021)第 186602 号

高职高专会展策划与管理专业系列教材
会展营销
(第2版)
主 编 陈 薇
副主编 廖慧娟 郭晓慧 伍 锋 马 瑞
责任编辑:顾丽萍 版式设计:顾丽萍
责任校对:关德强 责任印制:张 策

*

重庆大学出版社出版发行
出版人:饶帮华
社址:重庆市沙坪坝区大学城西路 21 号
邮编:401331
电话:(023) 88617190 88617185(中小学)
传真:(023) 88617186 88617166
网址:http://www.cqup.com.cn
邮箱:fxk@ cqup.com.cn(营销中心)
全国新华书店经销
重庆升光电力印务有限公司印刷

*

开本:787mm×1092mm 1/16 印张:11.25 字数:270 千
2016 年 1 月第 1 版 2022 年 2 月第 2 版 2022 年 2 月第 3 次印刷
印数:5 001—7 000
ISBN 978-7-5624-7587-3 定价:35.00 元

编委会

第2版前言

本书是高职高专会展策划与管理专业系列教材之一,针对高职高专应用型人才的培养目标,以实训设计贯穿全书,并具有如下特色:

1. 教材内容跟国际和时代接轨

鉴于我国商务部不久前将会展业定位为贸易服务业,本书在服务营销理论的基础上,根据国际上会展概念MICE中包含的会议、奖励旅游、展览和事件,逐一对其营销特点和模式进行具体分析。

2. 创新教材中的案例形式,构建项目化教学体系

本书案例新颖且按项目化教学的形式编排,每章对一个典型案例深入分析,和教材内容相呼应,并分为若干实训步骤以调动学生参与的积极性,实用性强。

3. 进一步把教学成果体现在教材中,帮助老师教学、学生自学

在教学实践的基础上,会展营销课程已摸索出一整套"理论内容实务化,实务内容实践化"的校内、校外两条主线并行的教学和实训模式。教材中的实训项目不仅可以帮助老师教学,还能对接高职学生的企业实训课。

本书的五位编者在会展教学第一线都有多年的教学经验,深知高职学生的特点和要求。在编写过程中,我们还走访了多家会展企业的相关负责人,从他们那里获得了丰富的素材。

本书具体分工如下:顺德职业技术学院陈薇担任主编,顺德职业技术学院马瑞、郭晓慧和清远职业技术学院廖慧娟、五邑大学伍锋担任副主编。各章节编写者如下:项目一和项目三由伍锋编写;项目二和项目五由廖慧娟编写;项目四和项目六由马瑞编写;项目七由陈薇编写;项目八由郭晓慧编写。全书由陈薇审稿、统稿和定稿。

由于编写人员经验和水平有限,加上会展行业在中国发展时间尚短,相关的理论体系和实践资料较匮乏,编写过程中疏漏之处在所难免,敬请读者批评指正。

编　者
2021 年 6 月

目 录 CONTENTS

项目 1
认识会展营销

任务 1 认识市场营销和服务营销

在现代市场经济条件下,企业必须十分重视市场营销。市场如战场,谁能把营销做得更好,谁就掌握了战场的主动权,谁就能旗开得胜。当今,我们正经历着营销的时代,从本质上讲,我们无时无刻不在进行着营销,只不过有人营销的是商品,有人营销的是服务,有人营销的是思想,有人营销的是战略。但无论营销的是什么,至少你要了解这个行业,知道营销的手段才能掌握更大的主动性。

因此,对于会展行业来讲,营销依然是经营会展的企业或通过参加各种会展活动展示自身产品与服务的企业都普遍关注的一个问题。会展营销是通过会展的形式向客户及同行展示自己的最新产品及成果。一方面可以增加公司的业绩;另一方面也可以提高公司的品牌影响力。如果组展企业对某个展览会的销售额不满意,一般都会首先想到重新审视和检讨本次活动的营销方案,为制订更有竞争力的营销组合方案积累经验教训,力图在目标会展市场中占据更大份额。英国联邦展览业联合会调查,会展优于以推销员推销、公关、广告等为手段的营销中介体。通过一般渠道找到一个客户,需要支付成本 219 英镑,而通过会展,成本仅为 35 英镑。可以说,会展具备了其他营销沟通工具的共同属性。在发达国家,通过参加会展进行产品推广已成为企业的重要营销手段。

当然,我们在更深刻地认识会展营销及其出现的一些新变化之前,有必要了解一下市场营销的发展历程和具有代表性的重要学派。

活动 1 列出市场营销的发展历程和重要学派

1)市场营销的发展历程

市场营销的发展历程大致可分为 4 个阶段。

(1)初创阶段

19 世纪末至 20 世纪 30 年代,是市场营销的初创时期。在这期间,各大资本主义国家经历工业革命后,其劳动生产率都得到普遍提高,生产迅速发展,经济增长很快。原来以求大于供为特征的"卖方市场"发生了变化,市场出现了商品的增长速度超过对商品需求的增长速度的状况。敏锐的、具有远见卓识的一些企业家开始进行市场分析、市场研究及采用经销方式来为客户提供服务等营销措施。一些学者也对这种现象进行了研究,如美国哈佛大学教授赫杰特齐于 1912 年编写出版了世界上第一本市场营销学的教科书。该时期的特点是:市场营销主要关注推销与广告的方法,市场营销也还没有引起企业家的足够重视和产生广泛的社会影响。

(2)形成阶段

从 1931 年至第二次世界大战爆发,是市场营销理论的形成阶段。在这一时期,市场营销的研究范围在扩大,它对社会的影响也逐渐扩展。1937 年,美国市场营销协会(American Marketing Association, AMA)的成立,成为市场营销发展史上一个重要的里程碑。它标志着市场营销已经跨出了大学讲坛,引起了整个社会的兴趣和关注,成为一门实用的经济科学。这时,市场营销研究也影响到了中国。

(3)发展阶段

第二次世界大战后到20世纪60年代末期是市场营销的发展阶段。第二次世界大战以后,市场营销的研究,特别是美国对市场营销的研究进入了一个蓬勃发展的新阶段,提出了以消费者为中心的新的市场营销观念。第二次世界大战后,生产迅速发展,市场需求剧增,再加上科学技术的进步,资本主义生产有了较大的增长,市场一时出现了繁荣的景象,企业间的市场竞争也更加激烈。在这一阶段,市场营销的一个突出特点是:人们开始将营销理论和企业管理的实践密切结合起来。

(4)完善阶段

完善阶段又称成熟阶段。20世纪70年代至今,市场营销进入了一个新的发展阶段。随着现代科学的进步,对市场营销活动的研究开始融入社会学、经济学、统计学、心理学等学科知识,使其成为一门很接近实际的应用科学。该阶段的主要特点是:随着研究内容的深入,市场营销理论更加完善,提出了许多新观点和思想,如"战略营销"的思想,"全球营销"的概念,以及1986年以后提出和重点强调的"大市场营销""网络营销""关系营销"和"服务营销"等概念。

【实训项目1-1 营销基础知识准备——步骤1】

通过以上内容及查阅相关资料,完成表1-1。

表1-1 市场营销的发展历程

4个阶段	时间段	历史背景	突出特点
初创阶段			
形成阶段			
发展阶段			
完善阶段			

2)市场营销的重要学派

市场营销的发展和其他学科的发展一样,经历了很长一段时间。营销活动作为一种现象最早起源于17世纪的日本(1650年);19世纪中期,市场营销在美国国际收割机公司产生;19世纪末,美国学者开始发表和出版一些关于营销方面的论文和书籍;20世纪初,市场营销一词开始出现在美国大学的讲坛上;1912年,美国哈佛大学教授赫杰特齐编写了世界上第一本市场营销的教科书。与此同时,基于时代背景、历史条件和研究角度的不同,对市场营销的研究出现了很多重要的学派。

(1)古典学派

产生时间:20世纪初,产生于市场营销理论的萌芽时期。

主要派别:商品学派、职能学派、区域学派、机构学派。

①商品学派。

基本理论:营销是有关产品从生产者向消费者的流动,营销学应该集中研究交易的物品——产品。

发展过程:1912 年,查尔斯·帕林首先提出了商品分类体系(便利品、急需品、选购品);1923 年,梅尔文·科普兰提出了商品的 3 个分类(便利品、选购品、特殊品);1986 年,商品的 4 个分类的定义开始明确(便利品、偏好品、选购品、特殊品)。

②职能学派。

基本理论:将市场营销行为作为研究的重点,主要研究市场营销中的"怎么办"的问题。

发展过程:阿齐·沙奥首先提出市场营销职能的分类,包括风险承担、运输物品融资、销售、对产品进行集中配货和转运;1960 年,麦卡锡的 4P 理论(产品、价格、渠道、促销)起源于早期的职能学派;20 世纪 50 年代以来,职能学派主张市场营销的两大职能是获取需求和需求服务。

③区域学派。

基本理论:市场是一种填补买卖在地理或空间上的空白的经济行为,商品学派和职能学派很重要,但更重要的是买卖双方的空间距离所起的作用。

发展过程:20 世纪 30 年代开始出现,以 1931 年威廉·J. 雷利出版的《零售引力法则》为代表;接着,区域学派提出了考虑空间距离对销售组织影响的区域变量分析;区域学派还重视对营销区域的研究,并且开始专注于对贸易领域数学模型的研究。

④机构学派。

基本理论:强调研究注意力应该在组织上。

发展过程:1916 年,韦尔发表的《农产品市场营销》提出渠道效率问题;1923 年,美国橡胶公司广告部经理拉尔夫·斯达尔·巴特勒出版的《市场营销与经销》强调了中间商为生产者和消费者所创造的效用;1954—1973 年,机构学派开始分析市场营销渠道的出现、渠道结构的演变、高效率机构框架的设计等。

(2)管理学派

产生时间: 20 世纪 40—50 年代。

主要派别: 管理学派、系统学派、行为学派。

①管理学派。

基本理论:立足于管理的市场营销研究方法。

发展过程:管理学派提出了市场营销观念,还提出了市场细分问题、产品生命周期问题、定价理论、分销和促销问题等。

②系统学派。

基本理论:公司不能简单地被视为独立功能的集合,而应视为一个系统。在这个系统中,信息、原材料、人力、资本设备和资金的流动产生了决定成长、波动和衰退等基本趋势的力量。

发展过程:探索有关市场营销的系统理论,采用多种研究方法;提出 3 种新式的系统:原子系统、机械系统、生态系统。

(3)行为学派

产生时间:20 世纪 50 年代以后。

主要派别:组织动力学派、消费者主义学派、购买者行为学派。

①组织动力学派。

基本理论:强调分销渠道的成员(制造商、批发商、零售商)的目标和需要。

发展过程:20世纪50年代后期开始萌芽,20世纪70年代和80年代开始成熟。

②消费者主义学派。

基本理论:从消费者的角度出发分析问题,研究市场中买者与卖者力量的不平衡及私人企业营销中的舞弊问题。

发展过程:消费者保护主义问题的研究,营销道德问题研究。

③购买者行为学派。

基本理论:研究市场中的客户,研究客户是谁,他们有多少,为什么在市场中采取这种行为方式。

发展过程:20世纪50年代末至60年代初,客户导向的营销处于初生期,后来,商业领域开始应用行为科学方法。

活动2 比较服务营销与传统营销

纵观人类社会的经济发展历史,人类先后经历了农业经济社会、工业经济社会和服务经济社会3个不同的阶段。农业经济社会也称为前工业化社会,在这一阶段,社会成员的生产、生活条件严重受制于自然条件,如天气、土壤、水源等,农业生产主导社会经济,社会生产以及生活围绕着自然条件和传统习俗开展,农业成为支柱产业。工业经济社会也叫作工业化社会,是以工业生产为主导的社会形态。在这一阶段,劳动对象进一步扩展到一些农业、矿业的初级产品,甚至是一些高级工业产品;能源和机器设备代替了自然条件,成为影响生产结果的决定因素;传统和经验不断被打破,出发点在于更低的成本、更高的产量;分工不断被细化,目的在于创造简单重复劳动和熟练工。如果说在农业经济社会,人们改造的是自然界,那么工业经济社会改造的则是"人造自然",如城市、工厂、机器、交通工具等。社会成员的工作、生活开始有序,出现了严格的工作安排和时钟控制。服务经济社会阶段,信息和技能开始取代能源,成为社会生产的中心资源,人们开始把更多的注意力转向服务质量。

随着时代的发展,经济格局不断发生变化,不同的社会阶段具有不同的特征。从人类社会的发展变化来看,服务在社会生活中的占比越来越大,地位越来越重要。可以说,21世纪的世界已进入服务经济时代。

【实训项目1-2 会展营销基础知识归纳——步骤2】

请同学们课前搜集有关传统营销和服务营销方面的信息,并从它们各自诞生的时代背景、生产特征、关注角度等方面进行比较分析。

1)市场营销观念及其演变

市场是企业营销活动的出发点与归宿点,正确分析市场是正确制定企业营销策略的前提。

市场是社会生产和社会分工发展的产物,它与商品生产、商品交换同时出现,哪里有社会分工和商品生产,哪里就有市场。

美国市场营销协会于1985年对市场营销下了一个比较完整和全面的定义:市场营销是"对观念、产品及服务进行设计、定价、促销及分销的计划和实施的过程,从而产生满足个人和组织目标的交换"。

市场营销观念,是指企业决策人在组织和谋划企业的营销管理实践活动时所依据的指导思想和行为准则。市场营销观念是企业领导人对市场的根本态度和看法,是一切经营活动的出发点,也是一种商业哲学或思维方法。目前比较流行的饭店市场营销观念大体上有以下5种:生产观念、产品观念、销售观念、营销观念和社会营销观念。每一种都有其优缺点和适用条件。

(1)生产观念

生产观念是指导卖方行为的最古老的观念之一。生产观念认为,客户喜欢能够买到的、买得起的产品。因此,营销的目的是努力改进产品生产和销售的效率,并降低成本。

这种营销管理观念只适用于下列两种情况:第一是产品的需求远远大于产品的供给。显然,在这种情况下只有加速生产、保证供给就可以了。第二是人们对某种产品有巨大需求,但被这种产品的高成本和价格抑制住了。在这种情况下,只要把产品的成本和价格降下来,就会使这种产品成为畅销产品。

生产观念的缺陷是:既不适用于供大于求的情况,也不适用于高声望、高情感与高消费的产品。

(2)产品观念

产品观念认为,客户喜欢质量最好、功能最全和最有特色的产品。因此,饭店营销者应该努力不断地改进产品,提供最好的产品。

这种观念适用于高声望、高消费产品。这类产品的购买者可以分为两类:第一类往往愿意购买质量高、贵重的产品,如在五星级酒店举行公司开业典礼来显示珍贵之意;第二类收入较高,对价格不敏感,只要产品质量高、功能齐全、名气响亮,他们就愿意购买,如许多国内外参展商就不惜花高价租赁广交会的展位。

这种观念有两个缺陷:第一个是它患了营销近视症,营销者只关注目前的需求形式即其生产的具体产品,而忽略了客户的基本需求问题,以及解决这些问题的产品形式的变化。第二个是它忽略了消费者购买力的限制。这要求会展营销者注意掌握自己目标客户选择产品的价值观:是低价格、低质量,还是中等价格、中等质量,还是高价格、高质量?

(3)销售观念

销售观念认为,一家会展机构除非进行大量的推销工作,否则参展商是不会踊跃去购买这家展馆的展位,专业观众是不会来交流的。

一般认为,在产品供大于求的情况下,这种观念是普遍适用的,它特别适用于那些客户不会主动去购买的产品。遵照这种观念,每一家会展机构都要重视对销售人员的培训。如一家会议型展馆要向本市大公司推销商务会议场所,它可以先将有选择决定权的公司相关人员组织起来,建立他们的俱乐部,让这些人员了解场馆设施,对场馆产生好感和信任感;然后在这一基础上进行推销,成功的可能性就比较大。

这种观念的缺陷是:它把营销中的最不重要的功能——销售,作为唯一的、最重要的功能来看待,而忽略了其他重要的因素,如产品的适销性等。

（4）营销观念

营销观念认为，公司需要综合运用各种营销手段，做到比竞争对手更好地满足客户的需要，同时实现公司长期利润最大化的目标。

营销观念的缺陷主要表现在：它忽视了客户的社会福利，即它只注意客户的暂时满意，而忽视了客户的长期福利。如按照营销观念，在会议场所吸烟是被允许的，因为吸烟的客户是满意的，但它忽视了香烟对公共场所空气的污染，也忽视了社会公众对环境保护的要求。

（5）社会营销观念

社会营销观念认为，营销者不仅要比竞争对手更好地满足客户的需要，使企业的长期利润最大化，而且要能维护与改善客户和社会的福利。

显然，社会营销观念弥补了营销观念忽视客户社会福利的缺陷，适用于人们对环境保护、身体健康和生活质量更加重视的地区，如发达国家和发展中国家的发达地区。

当然，由于运用社会营销观念往往需要增加公司的成本，因此，在缺乏法律和社会公众压力的情况下，发展中国家的众多场馆机构往往采用营销观念，而不是社会营销观念。

总之，这5个营销观念越来越强调对客户需求的满足，对客户的全方位服务。

2）服务与服务营销

（1）服务的定义

在《辞海》中，"服务"被解释为：一是为集体或别人工作；二是指"劳务"，即不以实物形式而以提供活动的形式满足他人某种需要的活动。

从广义上说，服务是指一切人类活动，人类的每一个活动都是在提供或接受某种性质的服务，都是具有服务性质的活动。

从狭义上说，服务是机构或人员为满足客户需求的活动，其有两种表现形态：一是作为产品的配角即制造业中的服务；二是作为主角即服务业中的服务。

从"所有能够满足人们需要的任何东西都是产品"这个观点出发，可以认为一切有形产品和服务都是"产品"，只不过服务是非物质形态的产品，它虽然没有物理、化学属性，但它可以满足人们的某种需求。例如，理发、美容、表演、培训、运输等都是服务，都具有满足人们需求的某种属性。服务的内涵表明，它是以非实物的形式来为他人或组织提供利益。当然，在许多情况下，无形的服务往往是通过有形的产品或与有形的产品结合起来发生作用的。

从本质上来看，服务与产品两者之间并无严格的界限。首先，不存在纯粹的服务，即不存在不需要任何物质支持的服务。例如，学生在学校上课，教学过程是非实体的，但教材、教室、教学设备等都是实实在在的产品。其次，不存在无须借助任何服务手段的纯粹的产品。例如，产品都需要分销，分销就是一种服务。

可见，任何一家企业提供的"产品"都是"有形产品+无形服务"的混合体，只不过各自所占的比例不同。

（2）服务的作用

近年来，随着服务经济的兴起和市场环境的变化，服务的内涵和外延也在不断地扩大。服务业作为一种重要的社会现象和经济产业，已经深入社会生产、生活的每一个角落,联系着每一个消费者。服务业,顾名思义,就是以提供服务来获取报酬的行业。随着国民经济的快速发展,经济结构发生了很大变化。21世纪是服务业的世纪,服务业在国民经济中所占的比重将如发达国家那样不断上升,成为国民经济的主导产业,地位日益提高,作用越来越大。

①服务已经成为市场竞争的焦点。随着科学技术的进步,非价格因素的竞争逐渐由产品的竞争、技术的竞争扩展至服务的竞争。当企业之间生产技术、产品质量等相差无几之时,优质的服务就成为现代竞争的重要手段和焦点。例如,当加油站汽油品质相同,价格也相差无几时,开车人进站加油的影响因素可能就有加油站工作人员是否和气、是否有礼物赠送、卫生间是否干净无异味等。

②服务已经成为企业形象的窗口。服务的好坏代表着一家企业的整体形象、综合素质、经营理念。例如,奔驰公司奉行:售前的承诺与奉承,不如售后无处不在的服务。可见企业要在客户心中树立优质形象,仅靠好的产品还不够,客户还希望享受到细致、盛情的服务。

③服务是争取和保持客户的重要手段。客户在消费时,总希望尽可能减少支出,获取更大价值,这些价值包括客户购买的产品价值、服务价值、形象价值和人员价值等。服务价值是构成客户价值的重要因素,对客户的感知价值影响较大。例如,某展会现场环境舒适整洁,秩序井然,会使参展商、专业观众等客户产生积极的情绪,反之则会产生厌恶的消极情感。如果服务人员服务周到、热情、耐心讲解,积极为客户提供服务信息,客户就会有一种宾至如归的感觉,消费情感自然会被带动起来。

④服务已经成为影响企业经营效益的关键。目前,世界上许多著名的企业发现,公司的利润是随着服务质量的提高而增加的。据研究,服务是投入成本较低、产出较大的竞争手段。例如,改善服务人员的服务态度、实行微笑服务,并没有增加企业多少成本,但可以提高客户的满意度和忠诚度。因此,许多著名企业都非常重视为客户提供高技能、高质量、高效率、安全舒适的服务,以增加正能量的口碑,从而降低开拓新客户的压力和成本。

（3）服务的特征

服务与实物产品在生产、提供、交换和消费上有很大的区别,其特征集中体现在以下5个方面:

①服务的无形性。如果说有形产品是一个物体或一样东西的话,服务则表现为一种行为、绩效或努力。服务是无形的,在购买服务之前,它们看不见、尝不到、摸不着、听不见、唤不到。购买者必须信任服务的提供者,服务提供者可以在增强客户信心方面发挥一定的作用。

②服务的不可分性。服务的不可分性也称服务的同时性,是指服务的生产与消费是同时进行的,是分不开的,即服务的消费者要直接参与服务的生产过程,并与服务提供者密切配合。

③服务的异质性。异质性也称易变性或不稳定性。服务的异质性是指服务的质量是多变或易变的,是随不同的服务交易而变的,即使是同一服务者提供的同种服务也会因其精力和心情状态等不同而有较大的差异,同时消费者对服务本身的要求也参差不齐,缺乏一致性和稳定性。

④服务的易逝性。服务的易逝性是指服务的不可再生性、不可储存性和浪费性。服

务不能储存。当需求处于稳定状态时,服务的时间性算不上是个问题,因为在服务之前就能容易地配备好服务人员。当需求上下波动时,对如何精准投入服务人员,企业就会遇到难题了。

⑤服务的体验性。对于会展营销对象之一的参展商而言,参展就是一种体验。无论是有形的摊位、设施,还是无形的服务,都是参展商参展结束后无法带走的,参展商所能得到的只是一次参展的经历和在展览过程中获得的体验。决定这种体验的因素主要有:产品的有形成分,包括场馆设施、商务中心、配套餐厅等的整洁程度等;提供服务的因素,包括员工的仪容仪表、态度、行为和能力等;客户因素,包括客户的期望、行为和态度等;无法控制的因素,如交通拥堵状况以及天气情况等。

(4)服务营销及其组合

①服务营销内涵和特点。著名营销学家科特勒指出,服务营销代表了未来市场营销管理的方向。服务营销是20世纪80年代开始逐渐从市场营销中独立出来的,以服务业产品营销和实体产品营销中的服务为对象的一种营销活动。这一时期,科学技术的进步和社会生产力的显著提高,产业升级,使生产的专业化发展日益加速:一方面使产品的服务含量,即产品的服务密集度日益增大;另一方面,随着劳动生产率的提高,市场转向买方市场,消费者随着收入水平的提高,他们的消费需求也逐渐发生变化,需求层次也相应提高,并向多样化方向拓展。服务的需求日益增加。

可以说,服务营销是企业在充分认识满足消费者需求的前提下,为满足消费者需要在营销过程中采取的一系列活动。服务营销对象复杂多变,服务市场的购买者是多元的、广泛的、复杂的,对服务人员的技术、技能、技艺要求较高。消费者会因各自所处的社会环境和各自具备的条件不同而形成较大的服务性需求。

总之,服务营销是服务企业为了满足客户对服务产品所带来的服务效用的需求,实现企业预定的目标,通过采取一系列整合的营销策略而达成服务交易的商务活动过程。它起因于企业对消费者需求的深刻认识,是企业市场营销观质的飞跃。随着社会分工的发展,服务营销在企业营销管理中的地位和作用也日益重要。

服务营销具有如下特点:

第一,服务营销不局限于专业的销售人员,整个组织的任何一个人都是"业余营销者",因为他们都有机会直接与直接顾客或内部顾客打交道。

第二,服务营销中每一个人都是企业提供服务的"窗口",每一个人都应充分发挥主动性,争取使顾客在一个窗口里解决他们的问题。

第三,服务营销需要高层管理者的大力推广,因为它不仅牵涉部门配合的问题,更重要的是服务意识的改变和提高,包括内部顾客的处理。

②服务营销组合。市场营销策略的基础要素是营销组合。传统市场营销理论的核心之一就是4P,即产品(Product)、定价(Price)、地点或渠道(Place)、促销(Promotion)。4P组合理论对企业界产生了巨大的影响,全世界都努力将营销放在此组合上,并以提高市场占有率为其最大目标。例如,日本丰田汽车公司20世纪80年代在美国的竞争战略就是以市场占有率为目标,以4P组合为核心,最终渗透入美国汽车市场,取得了巨大成功。由于服务营销明显区别于一般有形产品的营销,以麦卡锡为代表归纳并提出的4P营销组合理论已经远远不能解决现代服务中的现实问题,因此,在20世纪80年代初,由布姆斯和

比特纳等人提出了7P服务营销组合模型,即在传统营销理论4P的基础上,又增加了3个"服务性的 P"(表 1-2),即人/参与者(People/Participants)、有形展示(Physical Evidence)、过程(Process),简称7P。这 7 项要素构成新型的营销组合体系。

表 1-2　服务营销组合的要素

要　素	内　容
人/参与者	1. 人力配备(Personnel):(1)训练;(2)选用;(3)投入;(4)激励(5)外观;(6)人际关系。 2. 态度(Attitudes)。 3. 其他客户:(1)行为;(2)参与程度;(3)客户与客户之间的接触度。
有形展示	1. 环境:(1)装潢;(2)色彩;(3)陈设;(4)噪声水准。 2. 装备实物。 3. 实体性线索。
过程	1. 政策(Policies)。 2. 手续(Procedure)。 3. 机械化(Mechanization)。 4. 员工裁量权(Employee Discretion)。 5. 客户参与度(Customer Involvement)。 6. 客户取向(Customer Direction)。 7. 活动流程(Flow of Activities)。

A. 人/参与者。这里的人员包括内部人员——服务者和外部人员——客户。在服务中承担着服务表现和服务销售双重任务的服务者,在客户眼中他们已经成为服务产品的组成部分。在服务企业担任生产或操作性角色的人,在客户看来其实就是服务产品的一部分,其贡献也和其他销售人员相同。大多数服务企业的特点是操作人员可能担任服务表现和服务销售的双重工作。因此,市场营销管理者必须和作业管理者协调合作。企业工作人员的任务极为重要,尤其是那些从事"高度接触"服务业务的企业。所以,市场营销管理者还必须重视雇用人员的筛选、训练、激励和控制。

美国市场营销学家贝里认为,通过员工行为表现出来"创新者的服务质量比服务观念更难以模仿",他进一步认为"服务营销的本质就是服务"。因为服务质量不是来自那些华而不实的经营理念,而是建立在员工对客户的真诚照顾和关怀之上的服务行为。

B. 有形展示。服务营销学把一切可传达服务特征、特色、品质及优点的有形服务部分都称为"有形展示",让客人感知到服务产品的存在、享用服务产品的利益。有形展示会影响消费者和客户对一家服务企业的评价。有形展示包括的要素有:实体环境(装潢、颜色、陈设、声音)以及服务提供时所需要的装备实物,如汽车租赁公司所需要的汽车;还有其他的实体性线索,如航空公司所使用的标志或干洗店在洗好的衣物上加上的"包装"。

C. 过程。服务产生和交付给客人的过程是服务营销组合中一个主要因素,因为客人通常把服务交付系统作为感知服务本身的一个部分。人的行为在服务企业中很重要,而过程(即服务的递送过程)也同样重要。表情愉悦、专注和关切的工作人员,可以减轻客户必须排队等待服务的不耐烦的感觉,或者平息客户在技术上出问题时的怨言或不满。整个体系的运作政策和程序方法的采用、服务供应中的机械化程度、员工裁断权的适用范围、客户参与服务操作过程的程度、咨询与服务的流动等,都是营销人员需要特别注意的事情。

任务2 认识会展营销

活动1 总结会展营销的含义和特征

【案例导入】

佛山"产地展"引领会展业高质量发展

"2019佛山(潭洲)国际陶瓷与卫浴展览会"与"2019佛山国际陶瓷装备与材料展览会"均在潭洲国际会展中心举办,"佛山陶瓷双展"吸引了超过15万人次的国内外专业观众及专业买家参与,吹响了佛山塑造具有影响力的产地展品牌的号角,带动更多品牌展会一同引领佛山会展业高质量发展。

打造佛山世界级的"产地展",强大的优势产业资源是基础,在佛山三龙湾高端创新集聚区内,汇集着一大批发展历史悠久、发展态势良好的优势产业,涵盖陶瓷、家电、家具、门窗、五金、机械装备、纺织服装、塑料制品、化工及医药、饮料制品等多个支柱产业。通过会展平台,帮助这些产业获得更高的经济效益、更高层次的商贸领域对话与合作契机、更大程度对产品与技术的革新,助力产业与品牌企业在转型升级中寻求突破,是佛山打造世界级"产地展"的特殊历史使命。

佛山会展经济的高质量发展,将助力本地优势产业和会展行业在佛山三龙湾高端创新聚集区、广佛高质量发展融合试验区、粤港澳大湾区几大区域性经济发展红利中勇攀战略发展新高地,为佛山在新经济发展形势下开拓更广阔的发展局面,打造更多知名的世界级"产地展",让佛山特有的"产业+会展"的模式创造更多的新经济增长点。

1)会展营销的定义

会展业是会议业和展览业的总称,是一个新兴的服务行业。会展在沟通生产与消费,促进经济发展方面具有独特的效果,近年来呈现突飞猛进的发展态势,许多国家都把会展作为对外交流、促进经济发展的新的增长点。德国大约20个主要城市中,拥有居于国际领先水平的展览会大厅220万平方米,每年有数万个展会在此进行。美国每年有1万多个展会,给美国带来巨大的经济效益。改革开放以来,我国会展业也经历了一个从无到有、从小到大快速发展的过程。伴随着经济的快速发展和国际交流的日益增多,我国的展会数量逐年增加,规模迅速扩大,办展水平不断提高,产生了一定规模的行业经济效益,成为新的经济增长点。

会展营销是为了提高展会品牌价值和影响力,通过价格、服务、宣传以及品牌塑造等手段所进行的市场推广活动。会展营销能力是会展项目的重要竞争力,是展会品牌建设的重要保障。会展营销观念是会展营销的各项活动在会展营销工作人员头脑中的反映，它决定着会展营销活动质量的高低，并受会展营销活动的影响。随着外部环境和内部条件的不断变化，会展营销活动也必须随之变化。只有适应会展企业和会展项目内外部环境的营销活动，才能成为会展项目的竞争力；只有符合客观实际的营销观念，才能产生符合客观实际的营销活动。因此，会展营销是指会展活动组织者寻找目标市场、研究目标客户需求、设计会展产品和服务、制定营销价格、选择营销渠道以及保持良好客户关系等一系列营销活动的总和。

2) 会展营销的特征

(1) 营销主体的综合性

会展营销的主体十分复杂，大到一个国家或城市，小到一个会展企业。每个主体的营销目的也不一样，营销内容的侧重点也存在明显差异。一次会展可能要涉及众多的组织和企业，大型的国际性会展可能由当地政府主办，由一家或者几家会展公司承办，其中个别较复杂的活动则由具体的项目去承担。换句话说，一个会展由几方共同操作，且各自承担的工作在深度与广度上有所不同，但进度必须保持一致，合作也必须紧密有效。

(2) 营销内容的整体性

会展举办的时间、地点、主题及内容等都是参展商所关心的，因此会展营销的内容必须具有整体性，既包括举办会展的外部环境，如城市的安全状况、旅游综合接待能力等，又包括会展内在的创新之处以及配套服务项目水平等，同时能够给观众带来独特利益。

(3) 营销手段的多样性

会展营销的主体复杂性和内容广泛性决定了会展必须综合利用各种手段来开展宣传，以达到预期的营销目的。从传统的广播、电视、报纸，到各类行业杂志、专业会展杂志、会刊，再到面向大众的路牌广告、地铁或出租车以及已渗透到各行各业的互联网，会展营销的主体以平面或立体的方式，将大量的信息以最快、最直接的方式传递给大众。

(4) 营销对象的参与性

在许多时候，会展活动的主办者虽然熟悉会展策划并操作会展，但对行业的认知程度可能并不深刻。因此，在整个过程中，必须广泛听取专业观众和参展商的意见，根据自身能力，结合专业观众和参展商的要求尽可能地调整营销内容，以更好地满足专业观众和参展商的需要。另外，在会展活动中，专业观众和参展商的参与性都很强，主办者必须与其实现互动，才能提高专业观众和参展商的满意程度。

活动2　认识会展营销的主体和对象

1) 会展营销的主体

会展的营销活动到底是谁在开展，这牵涉营销主体是谁的问题。依照一般的营销理论，会展营销应该是会展企业，也就是说会展主办方、会展承办方和会展服务企业开展的营销，这显然不符合会展的实际情况。有人提出一种观点：会展营销的主体包括政府、会展企业、参展商甚至还有媒体。本书认为这也是一种不全面的观点。会展业是服务行业，属于第三产业。因此，搞清楚下面的问题非常重要：谁提供服务？提供什么服务？谁接受服务？希望接受什么服务？弄清楚了这几个问题，会展营销主体自然也就清楚了。

在会展准备阶段,所有符合展会要求的潜在参展商和观众都将接受会展服务,他们希望了解与展会、与他们自身利益有关的信息,如举办地交通、餐饮、住宿、娱乐、旅游以及城市形象。参展商们会更加关注观展观众及观众对本企业在投资、市场开发、新产品推广和品牌形象树立等方面的作用。而观众会更加关注参展商的情况及观展能否有利于采购、了解行业发展动态、建立合作关系以及科研等工作。

在展会举办前,准参展商要通过网络、电信、邮寄或亲自到展会现场确定展位,参展展品必须通过运输系统运送到展会城市,必须储存保管,需要进行展位的设计、搭建,产品和企业的宣传以及展品陈列和其他策划工作;参展商和观众需要交通、通信、酒店、旅游、银行甚至是娱乐企业为其提供服务。展会举办期间,除了上面提到的需求以外,参展商和观众还需要主办方、承办方、服务方提供展会举办期间的诸如展会组织的服务;需要统计部门为其进行信息的统计和整理;需要公安、司法部门为其人身与财产安全提供保障;需要法律为其现场交易的权益提供保障。展会举办后,参展商和观众作为消费者的权利需要得到有效的保障,后续服务能加强。

因此,会展营销主体不仅包括政府、会展企业、参展商和媒体,而且包括交通、通信、银行、餐饮、酒店、旅游、广告、策划甚至是会计师事务所和律师事务所等中介机构的服务,任何一方服务不到位都将影响参展商和观众的参展满意度与忠诚度。只有在各方都认识到作为会展营销主体应该为参展商和观众提供全方位的服务,应该具有"用自己的服务,满足客户的需要,获取相应的报酬"的观念,也只有各服务者在认真履行营销主体职责的情况下,才会从根本上避免出现类似"广交会期间,宾馆酒店房价大幅上涨"的情况。

2)会展营销的对象、内容与目的

一般而言,一次大型的会展活动(尤其是国际性的会展活动,如 APEC 会议、世界博览会等)牵涉多个利益主体,每一个利益主体就是一种营销主体,因而会展营销的内容十分庞杂。根据会议或者展览会的运行规律,可以将会展活动中不同营销主体的营销对象、内容和目的进行归纳,见表1-3。

表1-3　不同会展营销主体的营销对象、内容和目的

营销主体	营销对象	营销的主要内容	营销目的(功能)
会展城市	会议或展览会的组织者	优越的办会/展环境	吸引更多、更高档次的会议或展览在本城市举办
会议策划/服务公司	会议主办单位(者)	大力宣传自己非凡的会议策划和组织能力	争取更多的会议业务
展览公司	政府、参展商、专业观众	强调展览会对当地经济的促进作用;突出展会能给参展商或专业观众带来的独特利益	争取政府的积极支持;吸引更多的参展商和专业观众,塑造展会品牌
会议中心	会议公司、专业会议组织者(PCO)	完善的会议设施和优良的配套服务	吸引更多、更高档次的会议在本中心举办
展览场馆	展览会的主办者	功能完善的场馆、先进的管理和优质的服务	吸引更多的展览会特别是国际性的品牌展会

续表

营销主体	营销对象	营销的主要内容	营销目的(功能)
与会者	会议主办者、其他与会者	组织和个人的思想、技术等	让公众理解自己或所在组织的思想;增加互相学习、交流的机会
参展商	专业观众	新产品、新技术、新服务等	吸引更多的专业观众,加强学习、交流的机会
相关媒体	会展企业、参展商	媒体在会展活动中的桥梁作用	提高媒体知名度

【实训项目总结评分——学生互评与教师点评】

表1-4 项目总结评分表

大类指标	指标分解	指标分值/分	学生互评/分 (权重30%)	教师评分/分 (权重70%)	总分/分
项目控制系统设计	系统合理性	15			
	结构逻辑性	10			
进度控制甘特图	图例准确	15			
	图例美观	10			
质量控制计划	计划合理	15			
	有逻辑性	10			
质量检查表	指标合理	15			
	完整、准确	10			

项目 2
设计会展营销调研

【案例导入】

图2-1　北京·国际汽车展览会

有着30年历史的北京国际汽车展览会(Auto China),至今已连续成功举办了十六届,是全球汽车业界在中国每两年一次的重要展示活动。依托中国巨大的汽车消费市场和快速发展的中国汽车工业,北京国际汽车展览会在展览规模、国际化水准、展品质量以及在全球的影响力逐届提高。众多国际知名汽车公司将北京国际汽车展览会列为全球最重要的国际级车展之一,中国本土汽车企业也将北京国际汽车展览会作为展示自主知识品牌、推出最新科技成果的首选平台。30年来,北京国际汽车展览会始终坚持展品精、品牌全、国际化的办展理念和特色,致力于打造为中外汽车企业展示形象、推广品牌、促进交流融合、沟通信息技术的平台。

在全球汽车业缓慢复苏的今天,2020北京车展将以"智领未来"为主题,集中展示中外汽车行业当下前沿的技术与产品,聚焦智能网联、轻量化等新技术与传统汽车工业结合所带来的创新展品,多角度向观众呈现全球汽车行业在产品升级、品牌升级、产业升级和出行模式等多方面的创新理念和成果,引导人们对未来汽车生活的美好向往和追求。

作为备受中外汽车界、新闻界推崇的全球顶级汽车展会,30年来,北京车展伴随着中国汽车工业的成长,见证了中国汽车工业与全球汽车工业融合、交流、跨越式发展的历史。在促进中外汽车业界的贸易合作、技术交流、引进国外先进技术等方面起到了积极的推动作用。进入21世纪20年代,在中国汽车工业进入高质量发展的新的历史阶段,北京车展将全景展现中外汽车工业更具魅力的新风采。

(搜狐,2020-08-08.)

任务1 细分会展市场

活动1 市场环境调研

【实训项目2-1 任务准备——步骤1】

编制北京国际汽车展览会营销调研项目进度控制甘特图(表2-1)。

表2-1 甘特图举例

项目	工作内容	人员	7月		8月
			中旬	下旬	上旬
营销环境分析	宏观环境分析				
	行业分析				
	竞争分析				
	撰写报告				
问卷调查	问卷设计				
	问卷抽样				
	问卷调查				
	问卷录入				
	问卷分析				
	撰写报告				

会展营销环境是由影响会展企业营销管理能力的会展营销宏观环境和会展营销微观环境共同构成。会展营销的宏观和微观环境虽然分别存在于不同的空间范围内,但两者在会展整体营销活动中缺一不可。

微观环境包围着会展企业的营销活动,直接影响与制约企业的营销能力,也称会展直接营销环境,包括营销渠道企业、顾客、竞争者以及社会公众等要素。

宏观环境则要通过借助会展微观环境为媒介,才能作用于会展营销活动,包括人口、经济、政治法律、科学技术、社会文化等要素。会展营销微观环境中的所有因素都离不开并受制于会展营销宏观环境。

1)会展营销宏观环境

会展营销宏观环境是指对会展企业营销活动造成市场机会和环境威胁的主要社会力量,包括经济、政治法律、社会文化、科学技术、人口等因素。会展企业及其微观环境的参与者无不处于宏观环境之中。

（1）经济环境

经济环境是指那些能对企业参展和观众到会参观产生影响的各种经济因素，如社会经济发展水平，产业利润的高低，市场规模的大小，产业进出口状况，产业结构状况，展会所在地的住宿、餐饮、旅游、交通等配套设施的完备程度等。这些因素从侧面影响着企业参展和观众到会参观的意愿。

（2）政治法律环境

政治法律环境由那些具有强制性的和对举办展会产生影响的法律、政府部门和其他组织机构所构成。由于举办一个展会涉及的行业和社会面非常广，因此会展业会受到比其他行业更加严厉的法律管制，如政府对举办展会在消防、安保、工商管理和产品进出口方面的严格要求，举办展会对广告法和专利法等法律的严格遵守等。此外，与展会展览主题所在产业有关的法律对举办展会也会产生较大的影响。

（3）社会文化环境

社会文化环境是人们在社会生活中形成的基本信仰、价值观念和生活准则。社会文化环境对企业参展和观众到会参观均会产生较大影响。例如，人们的餐饮习惯，国与国之间关系的好坏，世界各国节假日和喜庆日的安排，这些对举办展会的影响都非常大。

（4）科学技术环境

科学技术是第一生产力，科学技术的发展对会展的发展有着巨大的影响。

首先，现代科学技术的发展早已摆脱传统的"个体创造"时代，进入团体合作、区域合作、国际合作的阶段。因此众多的科技工作者需要一种形式来获取信息、交流成果、开拓研究，这就促使了各国频频举办大型的国际性科技会议。

其次，在提高会展业的质量方面科学技术同样功不可没。

最后，科学技术的进步促使会展业向多元化发展迈进。伴随着电子商务和网络贸易的发展，IT技术和网络进步，"网上会展"已在会展业中异军突起。

（5）人口环境

目前，世界人口正发生明显的变化。其主要趋势为：一是全球人口持续增长；二是发达国家人口出生率下降，人口老龄化问题凸显。人口数量是市场规模的重要标志，从人口的分布、结构及变动的趋势可以分析判断出市场需求的特点和发展趋势，这一点对展销会等注重现场零售的展会有重要的意义。对于专业贸易类的展会来说，更要注意该展会展览主题所在产业及其相关产业的从业人员数量和结构构成，因为通过这些信息能够预测展会的专业观众的大约数量，而拥有一定数量和质量的专业观众是专业贸易类展会的生存之本。

2）会展营销微观环境

会展营销微观环境指与会展企业市场营销活动直接发生关系的具体环境，是决定企业生存和发展的基本环境，包括办展机构内部环境、会展营销渠道企业、顾客、竞争者、公众等因素。

（1）办展机构内部环境

办展机构内部环境就是办展机构内部所具备的各种条件，包括资金、人力、物力（办公设备和通信工具）以及所掌握的信息资源和能联系的社会资源等。通过对办展机构内部环境的客观分析,准确地找出它们在本展会所在产业以及它们本身所具有的办展优势和劣势,并对这些优势和劣势进行客观评估,分析办展机构是否具有举办该展会的能力。

(2)会展营销渠道企业

①营销中介。营销中介是那些受办展机构委托的或者是协助展会进行宣传推广和拓展的中介组织和单位,包括展会的招展代理、招商代理、广告代理和其他营销服务机构等。营销中介是一个展会成功举办不可缺少的环节。好的营销中介能很好地分担和完成办展机构的宣传推广和招展招商等营销工作,能更好地协助办展机构成功地举办展会。

②服务商。服务商是指受办展机构的委托、为展会提供各种服务的机构,包括展品运输代理、负责展位搭装的展位承建商、提供旅游服务的旅行社、提供住宿服务的宾馆酒店,以及提供展会资料印刷和观众登记的专门服务商等。这些服务商是办好一个展会必不可少的组成部分。在举办展会时,参展商和观众很多时间都将这些服务商提供的服务看成展会本身的一个有机组成部分。

(3)顾客

顾客是企业的目标市场,是企业服务的对象,也是营销活动的出发点和归宿。企业的一切营销活动都应该以满足顾客的需要为中心。因此,顾客是企业最重要的环境因素。购买者是企业服务的对象,同时也是产品销售的市场和企业利润的来源。

从类别上看,展会的目标客户包括消费者市场客户、生产者市场客户、中间商市场客户、政府部门和国际市场客户五大类。这些客户可能是参展商,也可能是观众。参展商和观众都是展会的服务对象,两者都不可偏废。展会的最终目的是要满足目标客户的要求。因此,在分析展会的目标客户时,不仅要分析他们的数量和分布,还要注意分析和把握它们的需求及其变化趋势,并以此作为展会举办的起点和服务的核心。

(4)竞争者

竞争者是指与本展会有竞争关系的其他同类展会,一个主题的展会往往不止一个。展会要想在市场上取得成功,就必须能比其他同类展会更有效地满足参展商和观众的需求。一般来说,每个展会都会面临以下类型的竞争:

①欲望竞争,即参展商和观众想要满足的各种需求之间具有可替代性,他们可以选择参展,也可以选择不参展。

②类别竞争,即能满足参展商和观众的各种需求的不仅仅是展会,其他的营销形式也可以具有此功能。

③展会间竞争,即参展商和观众能在可以满足他们需求的同类主题的不同展会之间进行选择,他们可以选择本展会,也可以选择其他同类展会。

④品牌竞争,即参展商和观众凭展会本身的品牌和办展机构的品牌对参加哪个展会做出选择。所以,在对竞争者进行分析时,不仅要分析具有竞争关系的展会,还要分析这些展会的办展机构;不仅要分析具有竞争关系的展会和其办展机构的现状,还要分析它们的变化,并及时提出对策。

(5)公众

社会公众是指对展会实现其目标具有实际和潜在影响的群体。一个展会所要面临的问题有6种。

①媒体公众,即专业和大众报纸、杂志、广播和电视等,它们具有广泛的影响力,对展

会的声誉具有举足轻重的影响。

②政府公众,即负责管理展会和商业活动的有关政府部门。

③当地民众,即展会举办地的居民、官员和其他社团组织等。

④市场行动公众,即各种知识产权保护组织、消费者保护组织、环保组织等。

⑤办展机构公众,即办展机构的全体员工。

⑥金融公众,即那些可能影响办展机构获取资金能力的机构和组织,如银行和投资公司等。

这6类公众都具有增强或阻碍一个展会实现其目标的能力,有时候它们的态度还能直接影响到一个展会的市场前途。

【实训项目 2-2 北京国际汽车展的 SWOT 探讨——步骤 2】

举办 2020 北京国际汽车展览会,首先要知道举办展览会企业本身的优势和劣势,展览企业外部环境的机会和威胁。你现在的任务是找出该展览会环境的有利因素和不利因素,可参考以下网站:

2020 北京国际汽车展览会官方网站:http://www.autochinashow.org。

2020(第十六届)北京国际汽车展览会(Auto China 2020)将在北京中国国际展览中心新馆和中国国际展览中心老馆举行。2020 北京车展将使用北京中国国际展览中心新、老两个展馆。中国国际展览中心新馆主要展示国内外乘用车、商用车;中国国际展览中心老馆主要展示国内外汽车零部件及相关产品,并在老馆设专馆举办"第三届北京国际新能源汽车展",专门展示国内外汽车制造商在新能源汽车设计、制造上的新产品。

【实训追问】

从各种渠道搜集资料,填写表 2-2。

表 2-2 北京国际汽车展览会 SWOT 分析

届 数	优势 (Strengths)	劣势 (Weaknesses)	机会 (Opportunities)	威胁 (Threats)
第 12 届				
第 13 届				
第 14 届				
第 15 届				
第 16 届				

活动 2 参展商调研方法

1)选择目标市场

通过分析各细分市场的特点和企业的经营状况,确定目标市场并采取适当的策略予以占领。与一般企业的目标市场选择的策略类似,会展企业在选择目标市场时也通常采用以下 3 种策略：

（1）无差异营销战略

在使用无差异营销时，会展企业可以决定不考虑细分市场的差异性，对整个会展市场只提供一种会展产品。会展企业的产品针对的是顾客的共同需求而不是不同的需求。会展企业设计出能在最大程度上吸引顾客的会展产品及营销方案，依靠大规模分销和大众化的广告，目的是在人们的头脑中树立起优秀的产品形象。

无差异营销战略的优点在于：

①规模效应显著。由于规模销售，分销渠道简化，市场调研和广告宣传开支较低，销售成本降低，可以获得规模经济效益。

②易于形成垄断性的名牌会展项目的声势和地位。

无差异营销战略的缺点在于：参展企业的需求客观上是不断变化的，一种产品长期为该产品的全体消费者或用户所接受极为罕见（同质市场的产品除外），对消费者来说也过于单调。当众多企业如法炮制，都采用这种策略时，就会形成整体市场竞争异常激烈，而小的细分市场的需求却得不到满足的局面，这对营销者、消费者都是不利的。

这种策略只适用于少数垄断性强、供不应求的会展项目，无差异性市场策略已不适应现代国际会展的竞争。

（2）集中性营销战略

会展企业不是面向整体市场，也不是把力量使用于若干个细分市场，而是集中力量进入一个细分市场（或是对该细分市场进一步细分后的几个更小的市场部分），充分满足某些参展商特定的需求服务，这就是集中性营销。

集中性营销战略适合中小型会展企业和一些会展资源独具特色、能吸引一定类型参展企业前往的会展项目。

集中性营销战略的优点在于：

①会展企业营销相对集中，在单一化较小范围的市场上活动，占有资金相对小，且资金周转相对快，成本费用相对低，可以集中力量在特定会展市场占领优势和实现一定的规模经济效益。

②会展企业经营范围明确，有利于创造出特色项目与服务，并可提高企业项目或服务的知名度和市场占有率。

集中性营销战略的缺点在于：

①企业经营具有很大的风险性，小部分市场生存的会展企业承担的经营风险较大，一旦市场突然发生变化或者强大竞争对手的进入或者新的更有吸引力的替代项目出现，都可能使企业没有回旋余地而陷入困境。

②如果选定不是较大的细分市场，则竞争者太多，市场竞争过于激烈。

因此，采用这一策略的会展企业必须密切注意目标市场的动向，并制订适当的应急措施，以求进可攻，退可守，进退自如。

（3）差异性营销战略

会展企业决定以几个细分市场或瞄准机会的会展市场为目标，并为每一会展市场设计独立的营销方案，凭借会展项目与市场的差异化，获得最大的销售量。

差异性营销战略的优点在于：

①由于能够较多较快地变换会展项目的类型与特点,以适应和启发参展企业的需求,因此有利于增加参展企业对该会展企业的信赖感并提高购买概率,提升展会的市场竞争能力。

②同时在几个细分市场中占有优势,有利于树立会展企业在参展企业心中的形象,从而有利于经济效益的提高。

③差异性营销的灵活机动性,可以在一定程度上分散会展企业的经营风险。

差异性营销战略的缺点在于:

①差异性营销带来生产经营成本与营销宣传费用的增加,难以使会展企业取得规模效益。

②经营目标市场数量越多,会影响经营效率,使会展企业管理难度加大。

③由于多元化分散经营,可能使企业的资源配置不能有效集中,影响某些优势的发挥。

会展企业在采用差异性目标市场战略时,应注意必须保证所选定的目标市场由于总销量扩大所带来的收益要大于营销总成本费用的增加。实力相对较小的会展企业一般不宜采用此策略。

2)目标市场策略的选择

每种目标市场策略有利有弊,对会展企业状况和市场情况要求不一样,所以会展企业在选择目标市场时必须综合考虑自身的特点及市场状况。具体应重点分析以下几个方面:

(1)会展企业实力

会展企业的综合实力包括资金、技术、人才和信息等所有资源,如果会展企业规模较大,专业技术水平高,且办展经验丰富,占较大的市场份额,则可采取差异化策略或无差异策略;反之,则应采取集中策略。

(2)市场需求特征

如果某种会展产品的顾客需求异质要求低,对展会项目需求和偏好相似,购买方式差不多,会展企业可以采用无差异策略,争取更多的顾客;反之,顾客对会展产品的需求差别很明显,会展企业一般采用差异策略或集中策略。

(3)会展产品特点

如果会展产品容易被其他产品替代,或者与竞争者提供的产品性质相似,一般采用无差异策略;反之,如果产品特点鲜明且不容易模仿,则采用差异化策略或集中策略。

(4)会展产品生命周期

处于投入期或成长期的新型会展,会展企业比较适合采用无差异策略进入目标市场,尽快占领市场;进入成熟期后,适合采用差异化策略,以开拓新市场,延长会展产品的成熟期;到了产品衰退期,会展企业一般采用集中策略,经营最有利的细分市场,并延缓产品的衰退。

(5)市场竞争状况

从会展企业的竞争地位看,如果企业的会展影响力大,垄断性强或者竞争者少,则可以采用无差异目标市场策略;反之,则应采取集中策略或差异策略。

【实训项目2-3 确定北京国际汽车展的目标市场——步骤3】

现在,你下决心开始着手筹办2020年北京国际汽车展览会,完成分组,并编制北京国际汽车展览会进度控制甘特图,可参考历届汽车展览会的目标市场。

【实训追问】

根据历届的目标市场组成和企业的办展能力,小组讨论确定填写表2-3。

表2-3 目标市场分析

目标市场	目标市场构成
参展商	
赞助商	
广告客户	
专业观众	
普通观众	

任务2 设计会展营销调研问卷

活动1 设计调研问卷

1)问卷格式

问卷的基本结构一般包括5个部分,即标题、问卷说明、调查内容、编码和结束语。其中,调查内容是问卷的核心部分,是每一份问卷都必不可少的内容,而其他部分则根据设计者需要进行取舍。

(1)问卷标题

问卷标题简洁扼要,能引起被调查者的兴趣。例如"关于开展节庆活动的事前调查"等。

(2)问卷说明

问卷说明又称问卷的开场白,用精练的语言向被调查者说明调查的原因、意图、填写方法和注意事项等。问卷说明应强调工作的重要性,消除被调查者的疑虑,以取得被调查者的信任和配合。

(3)调查内容

这是调查问卷的核心部分,它是依据计划和任务设定,有一系列问题要求被调查者回答。一般来说,调查问卷问答题从内容上分为3类:第一类是被调查者行为的问题,即可以从被调查者过去及现在的行为状况预测其未来行为的可能性。一般调查项目包括购买品牌、购买数量、购买频率、购买动机、购买金额等。第二类是关于被调查者态度的问题,这类问题是要研究被调查者对特定问题的感受、认识和观点。第三类是被调查者基本分类资料。这类资料通常在访问最后才收集，但有时因需要先确定被调查者是否符合抽样所要求的条件，而必须在访问一开始就收集。这部分通常包括被调查者的性别、年龄、教育程度、职业、婚姻状况、收入、居住区域等。

（4）问卷编码

编码是将调查问卷中的调查项目以及备选答案给予统一设计的代码。通常在问卷的右下角进行编码，以便分类整理和统计分析。

（5）结束语

结束语放在问卷的最后。一方面，向被调查者表示感谢；另一方面，也可以向被调查者征询问卷设计建议，以及对问卷调查的意见和看法。

2）问卷文句设计形式

（1）提问方式

问卷中的提问方式会影响调查对象的合作兴趣。因此，我们应选择合适的提问方式将调查内容准确无误地传递给调查对象。提问的方式有3种类型：封闭式提问、开放式提问和量表回答问卷。

①封闭式提问。调研人员事先准备好所有可能的答案，请被调查者从中选择回答。容易回答，便于统计。

A. 是非题。调研人员就一个问题提出两个答案供调查者选择，如是与否、有或无等。

例如：是否愿意在专业性行业网站注册网络商铺？

是（　　）　　　否（　　）

B. 多项选择题。给出几个可供选择的答案，被调查者选取其中的一个或几个答案即可。

例如：您认为展会举办应该如何宣传展会？

当地广播（　　）　　　电话邀请（　　）　　　报纸（　　）

杂志（　　）　　　户外广告（　　）　　　网络（　　）　　　朋友介绍（　　）

②开放式提问。只列问题没有可供选择的答案，能深入了解被调查者的基本情况，但可能因开放性而削弱了被调查者的合作程度。

A. 自由回答式：调研人员提出问题，不准备答案，让被调查者自由回答。

例如：您认为宁波的展览会还有哪些不足之处？

B. 词句联想式：列出有关景区的一组词汇，请被调查者写出在他脑海中最先出现或感觉最强烈的几个词或句子。

C. 语句完成式：提出一些不完整的语句，每次一个，由调查者完成。

D. 故事完成式：提出一个未完成的故事，由被调查者完成。

E. 图画完成式：图上一人在发表意见，要求被调查者发表意见并填图。

③量表式问题。运用等级来表示研究对象的属性，答案的选项在问卷中做了说明。

A. 排序法：对某些属性从极其重要向根本不重要进行重要性分等。

B. 语义差别分析法：是指在两个意义相反的词之间列上一些标度，由被调查者选择自己的偏向程度。可以是用文字形式提问,也可以以表格形式进行调查。

例如:您认为华南农资博览会承办工作做得如何?

□非常好　　　　□好　　　　□一般　　　　□差

C.李克特量法:被调查者可以在同意和不同意的若干量度之间选择。

例如:您对这次的会展服务质量评价如何?

表2-4　会展服务质量评价

编号	问题	评价(分值越高表示您的评价越高)									
1	提供的信息	1	2	3	4	5	6	7	8	9	10
2	提供的帮助	1	2	3	4	5	6	7	8	9	10
3	管理	1	2	3	4	5	6	7	8	9	10
4	展出效果	1	2	3	4	5	6	7	8	9	10
5	总体工作	1	2	3	4	5	6	7	8	9	10

(2)设计注意事项

①语言表达要简洁明了,不能模棱两可。

②措辞要亲切,避免引起被调查者的反感。

③问卷结构设计要合理,问卷正文要占问卷的2/3左右。

④问卷问题设计要先易后难。

⑤问卷篇幅简短为佳。

【实训项目2-4　展会调查问卷设计——步骤4】

组织同学们参观当地汽车展览会,调查相关人士对这届展会的评价和对下一届展会的期望。在参观前设计好展会调查问卷,在参观过程中收集相关资料与数据。

要求:

1.调查问卷结构应包括5部分。

2.调查问卷设计合理,便于作答和统计。

3.调查问卷难易适度,被调查者能在20分钟内完成。

【实训参考】

商务会展旅游市场需求特征的调查问卷

尊敬的女士/先生:

您好!为了在不久的将来能够给您提供更好的商务会展旅游服务与产品,我们需要您对商务会展旅游的要求、建议与期望。您的帮助,将是我们智慧的源泉,是我们工作的动力!本次调研数据仅供科研使用,绝无商业用途,请放心填写!非常感谢!

杭州市萧山区旅游局　浙江旅游职业学院

第一部分　基本情况(无记名,绝对保密)

B1.您的性别:□男　　　□女

B2. 您来自_____省(直辖市、自治区)_____县(区、市)

B3. 您的年龄:□65 岁以上 □45 ~ 64 岁 □25 ~ 44 岁 □15 ~ 24 岁
　　　　　　□14 岁以下

B4. 您的学历:□研究生及以上 □本科 □大专 □高中及中专 □初中及以下

B5. 您的职业:□公务员 □企事业管理人员 □专业/文教科技人员 □工人
　　　　　　□私营业主 □服务销售商贸人员 □离退休人员 □军人
　　　　　　□其他_____

B6. 您的职务:□基层员工 □基层管理者 □中层管理者 □高层管理者

B7. 您的月收入:□≥10 000 元 □5 000 ~ 9 999 元 □4 000 ~ 4 999 元
　　　　　　　□3 000 ~ 3 999 元 □2 000 ~ 2 999 元 □1 000 ~ 1 999 元
　　　　　　　□≤999 元

B8. 您的家庭结构:□单身 □已婚但无小孩 □已婚有小孩但未成年
　　　　　　　　□已婚有小孩且已成年

第二部分　主体部分

Q1. 2007 年至今,您是否外出参加过会议或各类展览活动?
　　□是 □否(停止调查)

Q2. 2007 年至今,您总共外出参加会议或展览的次数是?
　　□1 ~ 2 次 □3 ~ 5 次 □6 ~ 10 次 □11 ~ 20 次 □20 次以上

Q3. 您外出参加会议或展览,主要是出于何种目的?
　　□公司(单位)要求 □行业信息交流 □科研学术交流 □商务谈判
　　□其他_____

Q4. 您外出参加会议或展览时,是否会带亲朋好友一起?
　　□会 □不会

Q5. 您外出参加会议或展览时,通常会选择何种住宿设施?
　　□由组委会安排 □高档商务酒店 □经济型酒店
　　□主题度假酒店 □其他_____

Q6. 您外出参加会议或展览时,通常会选择何种交通工具?
　　□飞机 □火车 □自驾车 □单位派车 □包车 □其他_____

Q7. 如果时间允许,您外出参加会议或展览期间,是否愿意体验一下当地的风土
人情?
　　□会,非常愿意 □不一定,看地方条件如何 □不会

Q8. 如果您外出参加会议或展览,通常会选择何种渠道获取相关信息?
　　□电视 □旅行社 □报纸 □亲朋/同事 □杂志 □网络论坛
　　□旅游宣传册 □户外广告 □旅游书籍 □交通车载广告
　　□各类旅游宣传活动 □其他_____

Q9. 您是否曾到访过杭州市?
　　□是 □否

Q10. 您是否曾到访过杭州市萧山区?
　　□是 □否

Q11. 您是否知道 2006 年杭州世界休闲博览会的成功举办?

　　□是　□否

Q12. 您是否知道 2006 年杭州世界休闲博览会的主会场所在地?

　　□是　□否

Q13. 您是否知道 2011 年杭州世界休闲博览会的再次举办?

　　□是　□否

Q14. 如果有机会,您是否愿意参加 2011 年杭州世界休闲博览会?

　　□是　□否

Q15. 如果您想参加某次会议或展览,您对下列这些因素的关注度是多少?

	非常关注	比较关注	不太关注	不在乎	完全不在乎
服务水平	□5	□4	□3	□2	□1
地理位置	□5	□4	□3	□2	□1
会议设施	□5	□4	□3	□2	□1
客房质量	□5	□4	□3	□2	□1
会议专业服务能力	□5	□4	□3	□2	□1
酒店品牌	□5	□4	□3	□2	□1
参会价格	□5	□4	□3	□2	□1
周边环境	□5	□4	□3	□2	□1
停车条件	□5	□4	□3	□2	□1
餐饮质量	□5	□4	□3	□2	□1
交通条件	□5	□4	□3	□2	□1
休闲娱乐健身等配套设施	□5	□4	□3	□2	□1
周边配套商业服务设施	□5	□4	□3	□2	□1

问卷信息栏(调查员填写)

调查时间:20____年____月____日　　　地点:_____

调查员:_____　　　编号:_____

活动2　调研问卷的发放和回收

　　问卷设计好之后,首先考虑的是抽取样本发放问卷。怎样抽取样本,这就涉及抽样的方法。抽样调查按照调查对象总体中每一个样本单位被抽取的机会是否相等的原则,分为非随机抽样方法和随机抽样方法两大类。我们这里重点介绍常用的随机抽样方法。

1)抽样技术

(1)非随机抽样

非随机抽样又称为非概率抽样,不遵循随机原则,而是调查人员根据自己的主观标准抽取样本的技术,总体中并不是每一个个体都具有被平等抽取的机会。

(2)随机抽样

随机抽样是按照随机原则从总体中抽取样本的抽样方法。随机抽样的样本不受人们主观意志支配,而是完全凭偶然抽取。总体中的每个单位都有同等的被抽取的机会。

随机抽样一般分为 4 种类型：简单随机抽样技术、分层随机抽样技术、等距离随机抽样技术和整群随机抽样技术。

①简单随机抽样技术。又称单纯随机抽样技术，是最简单的一种，是在总体单位中不进行任何有目的的选择，而是按随机原则，以纯粹偶然的方法抽取样本。抽取概率每个人都是相同的，抽取概率＝样本数/总体数。例如，如果总体数是 20 000，样本数是 600，那么抽样概率为 3%。调研人员可以抽签法或者乱数表法去抽取样本。

②分层随机抽样技术。又称分类随机抽样技术，是把调查总体按其属性不同分为若干层次或类型，然后在各层中随机抽取样本。例如，调查人口，可按年龄、职业、收入、地区等将总体划分为不同阶层，然后按照要求在各阶层中进行随机抽样。

如某家具展销会组委会在办展前要调查一个城市的居民家具潜在需求数量。通过摸底发现，家具的消费量与居民收入关系密切，且不同家庭之间收入差异较大，因此适用于分层比例抽样。假定该城市居民有 20 000 户，发放调查问卷 1 000 份。家庭按经济收入分为高、中、低收入：高收入居民 4 000 户，占总体 20%；中等收入居民 12 000 户，占总体 60%；低收入居民 4 000 户，占总体 20%。那么这 1 000 份问卷各类型的抽取样本单位为：

高收入居民样本数为（1 000×20%）户＝200 户

中收入居民样本数为（1 000×60%）户＝600 户

低收入居民样本数为（1 000×20%）户＝200 户

等比例分层随机抽样技术在市场调查中采用较多。这种方法简单、分配合理、计算方便、适用于各类型之间差异不大的分类抽样调查。如果各类型之间差异过大，则应采用分层最佳抽样法。

③等距离抽样技术。又称系统抽样技术，是在总体中先按一定标志顺序排列，并根据总体单位数和样本单位数计算抽样距离，然后按照相同的距离或间隔抽取样本单位。

例如，某展会组织单位对 100 家参展商进行调查，采用等距抽样方法抽取 10 户进行调查。

第一步：将参展商进行编号，即 1 号至 100 号。

第二步：确定抽样间隔。已知调查总体 $N=100$，样本 $n=10$ 户，故抽样间隔＝100/10＝10。

第三步：确定起抽号数。用 10 张卡片从 1 号至 10 号编号，然后从中随机抽取 1 张作为起抽号数，如果抽到 5 号，那么 5 号则为起抽号数。

第四步：确定被抽取单位。从 5 号开始每隔 10 号抽取，直至抽足 10 个为止。即所抽的单位是 5,15,25,35,45,55,65,75,85,95，共 10 个参展商。

④整群随机抽样技术。又称分群随机抽样技术，是把调查总体区分为若干个群体，然后用单纯随机抽样法，从中抽取某些群体进行全面调查。在整群抽样中，总体由若干群组成，而且每个群中的单位存在异质性，调研者可抽取若干群构成样本，也可以在抽取某个群之后再随机抽取群中的个体构成样本。如在广州市进行入户访谈，我们可以在天河区、越秀区、荔湾区、东山区、白云区、番禺区、花都和增城随机抽取。如果我们选中天河区，接下来可以在天河区住宅小区中随机抽取 10 个住宅区并抽取采访家庭。

2）问卷发放

第一步：界定同质"总体"。同质总体可以从以下几方面进行描述：地域特征、人口统计特征、产品或服务使用情况、认知程度等。总体范围与界限做出明确的界定。

第二步：抽样框。抽样框定义为总体的数据目录或单位名单，从中可以抽出样本单位。完整的抽样框，每个调研对象应该出现一次，且只能出现一次。完整的抽样框是存在的，比如"深沪两地股票上市公司"。但大多数情况下，调研人员无法获得完整的抽样框，只能用电话号码本、黄页簿、工商局企业登记库、行业年鉴代替。

第三步：选择抽样方法。根据研究目的、经济实力、时间限制、调查问题的性质，选择抽样的方法。

第四步：确定样本容量。确定原则是控制在必要的最低限度以上。

第五步：样本评估。样本评估就是对样本的质量、代表性、偏差等进行初步的检查和衡量，目的是防止样本的偏差过大而导致的调查失误。

调查人员发放调查问卷的方法为面谈调查法、电话调查法、邮寄调查法、留置问卷调查法和网上调查法 5 种方式。

（1）面谈调查法

调查者根据调查提纲直接访问被调查者，面对面交谈、提问或者讨论，从而获得有关信息。

（2）电话调查法

电话调查法是由调查人员通过电话向被调查者询问了解有关问题的一种调查方式。

（3）邮寄调查法

邮寄调查法是将调查问卷邮寄给被调查者，由被调查者根据调查表的要求填写好后寄回的一种调查方式。

（4）留置问卷调查法

留置问卷调查法是当面将调查表交给被调查者，说明调查意图和要求，由被调查者自行填写回答，再由调查者按约定时间收回的一种调查方式。

（5）网上调查法

网上调查法是借助联机网络、计算机通信和数字交互式媒体实现调研人员目标的市场调查方法。最常用的是通过电子邮件发送调查表，也可以利用自己的网站开展网上调查，也可以借用别人的网站进行调查。

问卷回收时要注意仔细检查调查问卷。一是看问卷是否完好，卷面是否整洁，是否会影响问卷的统计分析工作；二是检查问卷答题情况，是否有漏答、错答或者乱答的情况，如出现这些情况，则作为无效问卷处理。所以，问卷的回收率高低很关键，直接影响样本的质量和调查的结果。

3）问卷分析方法

（1）编码与录入

编码是指对一个问题的不同答案进行分组和确定数字代码的过程。大多数问卷的大多数问题都是封闭式的，在调查之前就已经完成了编码的过程，即每一组问题的不同答案的数字编码已经确定。

数据录入是指将问卷或编码表中的每一个项目对应的代码转化成计算机能够识别的形式的过程。这个过程需要数据录入装置（计算机）和一个存储介质（数据库软件、磁盘)。市场调查发达的国家在数据的采集中使用CATI(计算机辅助电话访问)、CAPI(计算机辅助面访)的方式很普遍,因此键盘录入的过程已在访问的时候就已经完成了。而且对于简单的问卷调查,使用调查卡进行光学扫描录入也能从时间上节约不少成本。但是国内目前主要采用纸质问卷调查的形式居多,所以在问卷完成后,还需要对问卷进行录入的操作。

(2)统计图的制作

统计图是以圆点的多少、直线长短、曲线起伏、条形长短、柱状高低、圆饼面积、体积大小、实物形象大小或多少、地图分布等图形来呈现调研数据。

①直线图。直线图(图2-2)是以直线的长短来表示品质属性数列中各组频数或频率大小的图形。常以横轴代表品质属性的不同组别,以纵轴代表各组的频数或频率。

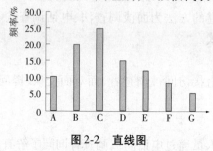

图2-2　直线图

②条形图。条形图(图2-3)是以若干等宽平行长条或圆柱的长短来表示品质属性数列中各组频数或频率大小的图形。常以横轴代表不同的组别,纵横代表各组的频数或频率;也可用纵轴代表各组,横轴代表频数或频率。

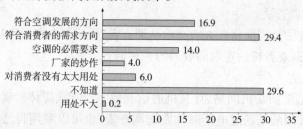

图2-3　条形图

③圆面图。圆面图(图2-4)是以圆形的面积代表总体指标数值,圆形的各扇形面积代表各组指标数值,或将圆形面积分为若干角度不同的扇形,分别代表各组的频率。实际应用时亦可将圆面改为圆饼或圆台,变成圆形立体图。

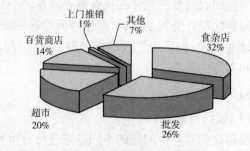

图2-4　消费者电池购买地点选择情况的饼图

④环形图。环形图(图2-5)是将总体或样本中的每一部分数据用环形中的一段表示。环形图亦可同时绘制多个总体或样本的数据系列。每一个总体或样本的数据系列为一个环。

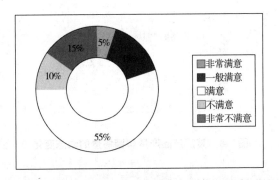

图 2-5 消费者对空调售后服务满意度评价分布

⑤直方图。直方图(图 2-6)是以若干等宽的直方长条的长短来表示各组的频数或频率的大小。常用于表现组距数列的次数分布或频率分布。离散型变量组距的直方图中的长条应间断,连续变量组距数列的直方图中的长条应连接起来。

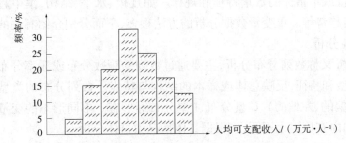

图 2-6 某市居民家庭年人均可支配收入分布

⑥动态条形图。动态条形图(图 2-7)是以宽度相等的条形的长短或高低来比较不同时期的统计数据的大小的图形,用以显示现象发展变化的过程和趋势。

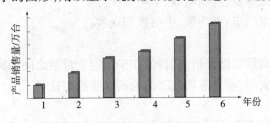

图 2-7 某厂产品销售量增长图

动态条形排列可以是纵列(垂直条形图),也可以是横列(水平或带状条形图)。按图形中涉及的统计指标或变量的多少不同,可分为单式条形图、复式条形图、分段条形图等。

⑦动态曲线图。动态曲线图(图 2-8)又称时间数列曲线图或历史曲线图,它是以曲线的升降、起伏来表示数据的动态变化。按涉及指标的多少,有单式曲线图和复式曲线图之分。

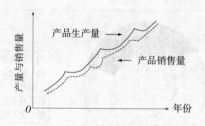

图 2-8　某厂产品产量与销售量的动态变化

活动 3　调研问卷的整理和分析

1）单变量数据分析

单变量数据分析是市场调查资料分析中最常用的定量分析,主要用于描述和评价调研对象的单变量或单指标的数量特征和规律。如规模、水平、结构、集中趋势、离散程度、发展速度、发展趋势等。单变量数据分析的方法很多,下面分别介绍有关的分析方法。

（1）结构性分析

结构性分析又称数列分布分析,主要通过数列的频数分布或频率分布来显示总体或样本分布的类型和特征,反映总体或样本的结构与特点。数列分布的类型主要有钟型分布（正态的、右偏的、左偏的）、U 型分布、J 型分布等形态。不同形态的变量数列说明的问题不同,形成的内在原因也不同,应根据具体情况做具体分析。

（2）集中度分析

集中度分析又称集中程度或集中趋势分析,其目的在于通过测定变量值的一般水平,来评价数据分布的中心值或一般水平,衡量事物变动的集中趋势。

①品质数列集中度测定:选项众数、平均等级。

②变量数列集中度测定:平均数、中位数和众数。

（3）差异性分析

差异性分析又称离散程度分析,其目的在于测定变量值之间的离散程度或差异程度,评价平均数代表性的大小,衡量事物变动的均衡性或稳定性。

（4）增长性分析

增长性分析是分析现象在一定时期内增长变化的程度和快慢,主要分析指标有增长量和平均增长量、发展速度和增长速度、平均发展速度和平均增长速度。应注重增长过程和阶段性分析。

2）调查数据分析软件工具

（1）Excel 软件

在会展调研中,设计、分析调查问卷和进行简单的数据处理都可以用 Excel 软件,完成表格输入、统计、分析等多项工作。在实际操作过程中,根据不同的调研对象都可以按照设计调查问卷、问卷结果编码与录入、替换编码生成结果数据库、样本组成分析和特定的内容分析等步骤进行。

（2）SPSS 软件

SPSS(Statistical Product and Service Solutions)，即"统计产品与服务解决方案"软件，最初软件全称为"社会科学统计软件包"(Solutions Statistical Package for the Social Sciences)。

SPSS 的基本功能包括数据管理、统计分析、图表分析、输出管理等。SPSS 统计分析过程包括描述性统计、均值比较、一般线性模型、相关分析、回归分析、对数线性模型、聚类分析、数据简化、生存分析、时间序列分析、多重响应等几大类。每类中又分好几个统计过程，比如回归分析中又分线性回归分析、曲线估计、Logistic 回归、Probit 回归、加权估计、两阶段最小二乘法、非线性回归等多个统计过程，而且每个过程中又允许用户选择不同的方法及参数。SPSS 也有专门的绘图系统，可以根据数据绘制各种图形。

【实训项目 2-5 汽车展调查问卷分析——步骤5】

根据小组分工，设计好汽车展览的调查问卷，抽样调查，利用 Excel 软件将问卷录入系统，并进行问卷分析，形成关于汽车展览会调查报告。

【实训项目总结评分——学生互评与教师点评】

表 2-5 项目总结评分表

大类指标	指标分解	指标分值/分	学生互评/分（权重30%）	教师评分/分（权重70%）	总分/分
项目控制系统设计	系统合理性	15			
	结构逻辑性	10			
进度控制甘特图	图例准确	15			
	图例美观	10			
质量控制计划	计划合理	15			
	有逻辑性	10			
质量检查表	指标合理	15			
	完整、准确	10			

项目 3
会展服务营销

【案例导入】

材料1

"辛苦了,默默奉献的北京奥运会志愿者们!"

北京奥运会开幕式几点开始?对于大多数国家体育场"鸟巢"的志愿者来说,开幕式从8月8日早上8点就已经开始了。从8点到9点,近2 400名赛会志愿者已经在各自的工作岗位上就位,为开幕式做各项准备,只等那激动人心的一刻快点到来。

距北京奥运会开幕还有2个小时,新华社记者采访了若干正在"鸟巢"工作的志愿者。这些开幕式近在眼前,但无法在现场观看开幕式的志愿者却骄傲地告诉记者:"即使看不到开幕式也值得!我们就是来'鸟巢'为大家服务的!"

在"鸟巢"的一个观众入口,记者看到一位中年大姐身穿蓝色志愿者T恤衫正热情引导观众入场。"大姐,您多大年纪了?"记者问。"我52岁啦!"这位中等身材,脸上化着淡妆的大姐说。"那您能用英语引导观众吗?"记者又问。"可以,"她有点不好意思地说,"我是从南非来的,在那里住了15年了。我是海外志愿者。"陈清是福建人,15年前到南非开普敦做生意,现在开了一家"中国大酒店"。作为海外志愿者,她一周前到达北京后就开始投入工作。她诚恳地说:"我来这里没有别的目的,就是来出力、来服务的,是为了作为中国人的自豪感!"陈清告诉记者,一共有18名海外志愿者在开幕式上为观众服务。尽管当日无法在场内观看开幕式,陈清依旧开心地说:"开幕式后,我就到'鸟巢'田径比赛现场当志愿者了,我最想看的就是刘翔的比赛,还有足球决赛。"陈清还透露,她打算回到南非后,就报名当2010年南非世界杯的志愿者。"我想把在奥运会上学到的知识回馈给我的第二故乡。"她说。在陈清的腰包里,她特地放了笔记本和笔。作为全非洲中国和平统一促进会的副会长,她说"有空时要把感想记录下来,带回南非给华人朋友们分享"。

来自上海海事大学的徐慧敏是一个皮肤黝黑的男孩子,他腼腆地表示,他原来皮肤就比较黑,来"鸟巢"当志愿者后好像又晒黑了一些。徐慧敏说,他的工作是"运行支持",说白了就是"机动志愿者",哪里有需要就去哪里。离奥运会开幕还有一个半小时,徐慧敏接到任务,让他推着轮椅到观众入口处接一个80岁高龄的观众。他迅速找到这位观众后,就推着他前往6楼的观众席;他一边和老人聊天,一边熟门熟路地来到电梯位置。徐慧敏对记者说:"我对这里已经很熟悉了,所有的观众席入口和电梯位置我都知道。"刚到"鸟巢"时,徐慧敏感觉"鸟巢"并没有他想象的那么大,但是走了很多圈,熟悉了场地后,才真正感到这里的巨大。他说:"正因为对这里的空间有着切身体会,我才更决心要服务好观众,希望他们少走冤枉路。"把老人送到指定位置后,徐慧敏蹲下来对老人说:"您放心,开幕式快结束时,我一定来这里接您。"

国家体育场志愿者副经理段兴中告诉记者,近2 400名赛会志愿者在开幕式期间提供服务,他们主要分布在观众服务、媒体服务、贵宾服务等岗位,涉及的业务口共26个。其中,为观众服务的志愿者最多,有近1 300人。

武博是一位长相甜美、身材修长的女孩子,她也是本次开幕式观众席上500名"演出助理"志愿者的一员。武博和她的同伴马甜甜在开幕式的过程中将带动现场观众,做出特定的动作或引导观众拿出道具为开幕式添彩。两人是北京"舞和谐"艺术团的成员,是专业的舞蹈演员。武博表示,比起平时跳舞,她们如今要用更夸张的表演来带动观众。当运动员入场时,记者看到武博舞动着拨浪鼓和"祥云"丝巾,带领观众欢迎运动员;她所负责区域的观众果然手执拨浪鼓挥舞个不停,不过有些人没有举丝巾。马甜甜介绍说,她们此前培训了三四个月的时间,从6月起,就开始集中培训了。为此,她们还放弃了夏天去美国、韩国的交流活动。"我这样做挺值的,我为我是中国人而感到自豪!"马甜甜说。武博还告诉记者,她们今天早上来到"鸟巢"就开始工作了,正是这500名演出助理,把10万份装有道具和小礼物的"演出包"放到观众座席上。

共青团北京市委社区工作部部长祁治国介绍,除了这些早出晚归的近2 400名赛会志愿者,从8日早上6点到晚上12点,2 000多名城市志愿者也在国家体育场周围的19个服务站点为中外宾客提供语言翻译、乘车路线咨询、场馆周边设施介绍等志愿服务。

为奥运会开幕式服务的4 000多名志愿者,说起奥运会,相信他们都会讲述起自己与奥运会不同版本的故事。正是这些可爱的志愿者,以他们辛勤的工作和热情的笑容,成为开幕式上令人难忘的一道风景线。

材料2

北京2008年奥运会场馆工程全面落实"三大理念"

北京奥组委在申办第29届奥运会时提出"绿色奥运、科技奥运、人文奥运"三大理念。7年来,北京奥组委在场馆建设过程中积极通过先进技术和亮点项目的应用,建设以人为本、高水平的奥运工程,"三大理念"得到了具体落实。

为保证北京奥运"三大理念"总体目标的实现,北京市"2008"工程建设指挥部在奥运工程的建设伊始就制定了"全面部署、突出重点、狠抓落实"的工作思路,为全面推动"三大理念"的落实工作奠定了基础。

相关部门从规划、设计到施工、运行,全面推动奥运工程落实"三大理念",以抓奥林匹克公园区域及亮点工程为重点,在普遍落实基础上重点抓技术攻关、科技创新、高水平落实相关标准与申奥承诺。

新建场馆和设施普遍在清洁与窗体顶端建筑节能、资源节约与重复利用、绿色环保建材、水资源综合利用、生态园林建设等方面有较好的先进技术应用。以奥林匹克公园区域、奥运村、媒体村、重点新建场馆及相关设施作为"三大理念"全面、重点地体现载体。其中,奥林匹克公园突出生态及人与自然的和谐,整个公园区域全面突出森林及景观水系、水资源和雨水利用、大规模绿色环保透水铺装、全面的公共空间太阳能照明等可再生能源利用、人性化及高科技信息引导系统、区域性主题景观功能协调系统等;奥运村和媒体村突出以人为本的绿色健康居住建筑及园林建设;各个重点新建场馆及相关设施结合各自的建筑功能和方案设计特点,全面并有重点地展现"三大理念"。

国家奥委会、各国际单项体育组织都对场馆的建设情况表示满意。在京出席第七届世界体育与环境大会的代表们在参观北京奥运会场馆之后也表示,北京奥运会比赛场馆在环境保护、新型能源利用、高新技术运用等多个方面为世界树立了典范。

材料 3

北京奥运会标志及其设计意图

2008 年北京奥运会标志及其设计意图，见表 3-1。

表 3-1 2008 年北京奥运会标志及其设计意图

标志名称	图 形	设计意图说明
北京 2008 年奥运会会徽		"中国印"借中国书法之灵感，将北京的"京"字演化为舞动的人体奔跑的"人"形，代表着生命的美丽与灿烂。在这个标志中，红色被演绎得格外强烈
残奥会会徽		由红、蓝、绿三色构成的"之"字形，以书法的笔触表现出一个运动的人形红色，寓意着太阳；深蓝色，寓意着蓝天；绿色，寓意着大地
2008 年奥运会文化节标志		人与灯欢快舞动。灯笼是中华民族传统节日不可或缺的吉祥物，象征着团圆与喜庆，代表着中国传统的文化精髓
环境标志		绿色奥运是北京奥运会提出的重要理念之一，可持续性发展是奥林匹克运动不懈的追求。奥运会环保标志由人与绿树为主要形态。树冠与人组成参天大树，代表着人与自然的和谐统一
北京 2008 年奥运会志愿者标志		心心相扣的心形，象征志愿者与运动员及奥林匹克大家庭和所有宾客心连着心，用心服务、奉献爱心，为奥林匹克运动增添光彩。舞动的人形，展现了志愿者奉献为乐的精神
吉祥物		福娃是 5 个可爱的亲密小伙伴，他们的造型融入了鱼、大熊猫、藏羚羊、燕子以及奥林匹克圣火的形象

续表

标志名称	图　形	设计意图说明
火炬手标志		北京 2008 年奥运会火炬接力火炬手选拔延续火炬接力传递的主题和口号,以"和谐之旅"为主题,以"点燃激情,传递梦想"为口号
祥云火炬		北京 2008 年奥运会火炬创意灵感来自"渊源共生,和谐共融"的"祥云"图案。火炬造型的设计灵感来自中国传统的纸卷轴。火炬上下比例均匀,祥云图案和立体浮雕式的工艺设计使整个火炬高雅华丽、内涵厚重

材料 4

北京奥运会主新闻中心细节彰显为媒体服务周到

能锁住笔记本电脑的链锁、免费服务的按摩室和淋浴室、首次提供的笔记本电脑维修服务……正式启用的北京奥运会主新闻中心,在细节之处彰显为媒体服务的本质。

主新闻中心的文字记者工作间设有 971 个工位,是历届奥运会工位最多的工作间。其中,680 个工位设有即插即用宽带网络接口,能够实现各种类型的笔记本电脑一卡上网,是奥运史上的创新。

在工作间每个工位上都设有 3 个电源插座、1 个杯子套、1 台电话机、1 把链锁。为了保证电源插座的使用,这里的工作人员和志愿者已经逐一试验过。

在以往的奥运会上,曾发生过记者短暂离开工位回来后发现笔记本电脑丢失的事情。为了让记者更专心地工作,北京奥运会主新闻中心特意安装了电脑链锁。记者需要短暂离开工位的时候,可以把链锁插进电脑上的小孔,固定后取下钥匙,这样就不用担心电脑丢失了。别小看这把链锁,这还是夏季奥运会首次出现的服务项目。

在文字记者工作间的一角,还设有免费按摩室。工作之余的记者们可以来到这里放松一下,北京中医药大学的大学生志愿者将为你们按摩僵硬的肩部和颈部。

为让记者在繁忙的工作之余得到放松,新闻中心内还设置了高清电视体验、记者休息区、健身房、淋浴室等免费休闲空间。为最大程度节省记者的时间,提供了免费网吧、手机充电站、网卡售卡机、银行、邮局、快递中心、医疗点、药店、特许商品店、干洗店、理发店、旅行社、小型超市等生活设施。记者们不用出新闻中心,"衣食住行"的各个方面问题基本都能在这里解决。

主新闻中心场馆运行团队主任沙万泉告诉记者,新闻中心将为每一位过生日的记者送上生日祝福。"主新闻中心就是媒体朋友们温馨的家,我们的目标就是要通过优质的服务、专业的水准,让记者对中国留下美好的印象,更多地向世界传播中国的故事和中国人民的微笑,让世界了解中国、了解北京奥运会。"

【实训项目3-1 任务准备——步骤1】

表3-2 学生分组表

组 别	会展服务营销要点
关于志愿者服务	
关于服务营销指导理念	
关于会展设计	
关于新闻服务	
⋮	

请学生结合上述材料认真思考会展服务营销主要体现在哪几个方面?

【实训追问】

请学生结合材料1仔细体会下列问题:
1. 服务人员在会展营销中的作用是什么?
2. 在会展营销活动中,服务人员应具备哪些素质?

任务1 人员推销在会展营销中的应用

在我们日常的生活、工作中处处都有推销。不仅企业需要推销产品,作为个人我们也需要学会推销自己,以赢得更大的社会价值。因此,从某种意义上说现代社会是一个推销的社会。由于服务的特殊性,人员推销在服务促销中是很活跃的因素。人员推销就是通过推销人员深入到企业用户、中间商或消费者中间,进行直接的宣传介绍活动,说服顾客购买产品的一种促销方式。

1)服务人员在会展过程中的作用

服务人员在会展营销过程中具有重要的作用。会展服务人员是指在一定工作范围内为参展商和观众提供必要服务的人员,如前台接待员、现场讲解员、电话接线员、布展工作人员等。其作用表现在如下三个方面:

(1)服务人员是会展营销主体的形象

一方面,会展营销主体机构通过服务人员向参展商和观众提供服务,通过他们把服务理念生动、形象地传递给参展商和观众,服务人员实际上此时就是各会展营销主体的化身,其行为、素质和形象代表着营销主体机构,肩负着给参展商和观众留下良好印象的重任。如美国波音公司就提出"我们每个人都代表公司"的理念。

另一方面,服务人员又是会展营销主体的营销人员,是参展商和观众感知服务质量的关键因素,而其在服务传递过程中的态度、行为和专业技能等则是参展商和观众关注的焦点所在。没有客户不喜欢热情、积极、善于倾听、愿意解决问题并知道如何解决问题的服务人员。当参展商和观众同这样一位服务人员打交道时,他会获得信心和安全感。例如,奥运会中的志愿者的言行举止、行为规范都会给观众留下深刻的印象,影响观众对奥运会的满意度评价,在某种程度上也展示了奥运会举办城市和组委会的水平。

(2)一流的服务人员是会展营销主体的营销生力军

一流的服务人员才能提供一流的服务。一个高素质的服务人员,能够弥补由于物质条件的不足可能使参展商和观众产生的缺憾感;而素质较差的服务人员则不仅不能充分发挥会展营销主体机构拥有的物质设施优势,还可能成为参展商和观众拒绝再次参/观展的主要因素。

名人效应在提高会展知名度和美誉度方面有重要意义,因为知名人士在参展商和观众中享有声望,甚至一些参展商和观众就是因为某个服务人员而选择某个会展活动的。例如,在北京奥运会上,像邓亚萍、成龙、邓朴方等一大批在各自领域具有影响力的知名人士参与志愿者服务队伍,极大地提高了北京奥运会的声望。

(3)服务人员最了解服务对象与服务系统

服务人员最直接地接触参展商和观众,他们在关键时刻能够更好地观察、询问以及对客户的行为做出反应,了解参展商和观众的愿望和需求信息,也最容易从参展商和观众那里获得有效信息。

另外,当服务质量发生问题时,也只有他们才能及时采取纠正措施。

此外,服务人员又是最频繁使用服务系统的人员,他们对服务系统及服务流程提出的各种建议也最有意义,鼓励他们反馈信息是提高服务质量的有效途径之一。

会展作为服务性行业,需要依靠大量服务人员向参展商和观众直接提供服务。因此,各会展营销主体机构必须重视服务人员的作用,重视服务人员的招聘、培训、激励。例如,德国诸多展会机构作为全球展会行业的标杆,以流行趋势引导者及行业挑战者的形象享誉业内,其对服务人员的标准要求十分严格。

2)会展服务人员的素质要求

由于服务人员素质、业务水平及工作能力、工作态度都影响到会展营销主体机构的形象,服务的质量和绩效水平也取决于直接为参展商和观众服务的人员的操作技巧、态度和才能,因此,会展营销主体应注意培养高素质的服务人员,让服务人员发展与参展商和观众的关系,为其提供专业化的、体贴入微的服务。

(1)服务人员的工作素质要求

①严格遵守工作场所的各项规章制度。

②文明礼貌,谈吐得体,口齿清楚,对参展商和观众提出的问题要做到细致、明确的回答。

③热爱工作,任劳任怨,有高度的责任感和使命感,具有良好的职业道德,真心实意为参展商和观众提供服务。

④温暖、友爱、诚实、可靠,能够与参展商和观众建立并发展良好的关系。

⑤有健全的心智、整齐的仪表和良好的习惯,有强烈的责任心、进取心和积极的态度。

（2）服务人员的技能素质要求

①对服务内容有深入的了解和认识。

②掌握为参展商和观众提供优质服务的技巧。

③灵活运用沟通技巧与参展商和观众进行有效沟通。

④掌握使参展商和观众信服的实用技巧。

⑤把握参展商和观众心理的技巧。

⑥掌握异议处理技巧,提高参展商和观众满意度。

⑦见多识广,具有丰富的专业知识及熟练的操作技巧。

总之,服务人员要采取专业化的服务导向,其外表、动作、态度和行为举止都应符合一名专业人员应有的标准。另外,还要富于应变,掌握好成交机会,善于捕捉市场机会等。

3）会展人员推销的形式及特点

（1）会展人员推销的形式

会展人员推销是会展营销主体的工作人员在与参展商和观众的交往中向对方传递有关信息,刺激其前往参/观展欲望的活动。具体形式有:

①上门推销。这是最常见的人员推销形式,是由推销人员携带展会介绍书、招展说明书等走访参展商,推销展会。

②前台销售。会展公司的前台接待人员也是广义的推销员,他们接待上门咨询的参展商和专业观众,推销展会。

③会议推销。会展推销指利用各种会议向与会人员宣传和介绍展会,开展推销活动。如在各种渠道的订货会、展销会、交易会上推介即将举行的会展活动。这种推销形式接触面广,可同时向多个推销对象推销展会,推销效果较好。

（2）会展人员推销的特点

人员推销虽是最古老的促销手段,但在当今社会其应用仍十分广泛,不可替代。会展人员推销的突出优点是:

①灵活性大,针对性强。推销人员在与潜在参展商和观众的直接接触和面谈中,能及时了解参展商和观众的反应,从而根据不同的推销对象,灵活采取不同的推销策略,进行有针对性的说服。

此外,推销人员对于价格、场馆设施、活动内容、配套服务等也有一定的掌控空间,最后达成意向取决于双方的谈判能力。

②有利于双向沟通。推销人员在推销过程中,一方面可以通过示范、讲解,更好地传递展会信息,帮助参展商和观众更深入地了解展会的性质及目的,消除参展商和观众的疑虑;另一方面又可以听到参展商和观众的意见和要求,从而给予及时的解释,或将意见反馈回会展举办机构。

③有利于发展与参展商的长期关系。推销人员与参展商在长期交往中可以建立起良好的个人关系和友谊,进而有利于巩固和争取更多的参展商,建立长期、稳定的业务关系。

当然,人员推销这种促销方式也有一定的局限性:一是人员推销的市场覆盖面有限,推销成本较高;二是对推销人员的素质要求较高,而理想的推销人员也不易得。

4)会展人员推销的基本步骤与策略(图3-1)

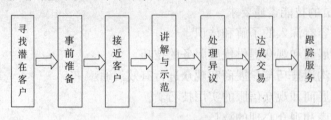

图3-1　人员推销的基本步骤

(1)寻找潜在顾客

推销工作的第一步就是要搜集潜在参展商的名单。具体途径有:

①查阅展会现有销售资料。目的是分析掌握展会现有参展商的类型、需求状况,进一步挖掘现有参展商资源。

②向现有参展商征询潜在客户。这样可以大大避免推销的盲目性,也容易赢得新客户的信任。

③个人观察及个人关系网。推销人员要善于学习、善于思考,锻炼提高自己捕获信息的能力。此外,还应特别注意并善于结交人际关系,还可通过参加各种社交、培训活动扩大自己的人际关系网络,为寻找潜在参展商和专业观众提供更丰富的线索。

④查阅各种信息来源。如报纸、电视、电话簿、政府部门的出版物、行业协会资料、网上搜索等。

推销人员要及时对搜集到的潜在参展商和专业观众的资料进行记录、归类、更新,不断积累潜在参展商和专业观众的资料。

(2)事前准备

在拜访参展商和专业观众之前,一般需要做好两方面的准备。一是了解拟拜访客户的背景信息;二是要做好推销面谈计划。对客户背景的了解一般包括其参/观展历史、目前需求,甚至其性格、爱好等。在此基础上,分析、制订自己的推销方式、策略。总之,准备得越充分,推销成功的可能性就越大。

(3)接近顾客

在推销人员与潜在客户开始接触的最初几分钟,往往是非常关键的,因为给客户留下的第一印象的好坏直接关系到以后的推销能否继续进行下去。因此,推销人员应精心设计开场白,设法从潜在客户感兴趣的话题入手,顺利地打开推销的局面。此外,推销人员还应特别注意自己的服饰仪表、行为举止。

(4)讲解与示范

这是推销工作的核心步骤。推销人员必须明确的一项基本原则是:推销员推销的不是展会本身,而是展会带给参展商和专业观众的利益;参展商和专业观众也不是为展会的特性所吸引,而是为展会的特性能给他带来的利益所吸引。因此,推销中,推销员应以展会功能为依据,着重说明展会将给客户所带来的利益。

为了使推销介绍更具说服力,推销人员应注意运用往届展会成功案例、图片及各种证明材料(权威机构的鉴定、获奖证书等)进行示范、展示,并尽可能地让参展商和观众提问,调动客户参与的积极性。

（5）处理异议

参展商与专业观众的异议是成交的障碍,但同时也表明参展商和观众已经对推销员的讲解给予了关注,因此只要克服了异议,就有望达成交易。

参展商和专业观众在接受推销的过程中,几乎都会表现出不同程度的抵触情绪,会提出各种各样的问题,价格问题、布展问题、后勤问题、操作使用方面的问题等。推销人员应注意倾听他们的意见,以了解异议背后的真实想法。推销人员还应注意搜集各种可能的异议,多做分析,才可能有备无患,给出圆满的回答。

在此阶段,最忌讳的是断然否定客户的意见,或与客户发生争执,因为这样做的结果必然是推销失败。

（6）达成交易

在洽谈过程中,一旦参展商和观众认可了展会,推销人员就应及时把握机会,促成交易。常用的方法有:

①优点汇集成交法。即将展会的特色或优点重复再现,以促成交易。

②假定成交法。即在参展商和专业观众认可展会后,就其感兴趣的问题,给予适当承诺,以促成销售。

③选择成交法。即向参展商提出几个购买方案,请其从中做出选择。

④优惠成交法。即通过给参展商一定的优惠条件,促使其做出购买决定。

（7）跟踪服务

跟踪服务就是要确保客户能及时得到参展信息的有关指引和指导服务。跟踪服务做得好,可以加深参展商和观众对举办方和展会的信任,有利于客户重复购买,也有利于举办方通过老客户发展新客户,因此跟踪服务既是人员推销的最后环节,也是新推销工作的起点。

【实训项目3-2 会展客户寻找与拜访——步骤2】

一、实训目的与要求

学生分成小组,请教师结合当地特色展会活动,要求学生以某办展公司的名义撰写访客计划书,访问参展企业,与参展企业沟通,并填写参展企业拜访记录。

二、实训主要内容

1. 寻找参展企业

2. 推销准备

3. 正式拜访

三、实训准备

要求学生先熟悉客户寻找方法,参展企业目标客户情况,准备访客记录表。

四、实训资料

参展企业目标客户资料、访客记录表。

五、实训操作步骤

第一步:设计如何寻找客户。

第二步:分析参展企业目标客户应具备的条件。

第三步：制作访客计划书。内容包括客户地址、电话、客户类型、访问动机、面谈时间、展位要求等。

第四步：模拟推销员确定访问对象。

第五步：告知对方访问事由。

第六步：约定访问时间和地点。

第七步：充分熟悉推销的参展企业的产品。

第八步：对参展企业做好应有的准备。

第九步：拜访参展企业客户。

第十步：填写客户拜访记录。

六、实训成果

客户拜访计划书、填制好的访客记录。

七、学生和教师依据小组提交的实训成果进行评判

【实训追问】

请根据案例材料1至材料4,指出北京奥运会主要展现了哪些有形展示策略？提示：可从环境展示、人员展示、信息沟通展示等方面分析,深刻体会有形展示对参展企业或参观人员所带来的巨大作用。

任务2 有形展示在会展营销中的应用

1) 会展服务有形展示的概念与内容

由于客户看不到服务,但能看到服务环境、服务工具、服务设施、服务信息、服务资料、服务价目表、服务中的其他客户等,这些是客户了解无形服务的有形线索,会展营销主体机构有必要对服务的有形物以及能传递服务价值的适当信号和线索进行管理。

服务的有形展示是指会展营销主体机构借助实物、数字、文字、音像、实景及其他可视方式,通过服务环境、服务工具、服务设施、服务信息、服务资料、服务价目表、服务中的其他客户等来展示服务内容、服务质量、服务特色等,从而使非实体的服务具体化和便于感知而采取的措施。

服务的有形展示实质是实现服务有形化的问题。服务有形化是指会展营销主体机构借助服务过程中的各种有形要素,把看不见、摸不着的服务产品尽可能地实体化、有形化,让展会参加者感知到服务产品的存在、提高享用服务产品的利益过程。

服务有形化包括3个方面的内容：

①服务产品有形化。即通过服务设施等硬件技术来实现服务自动化和规范化,保证展会服务的前后一致和服务质量的始终如一。通过能显示服务的某种证据,如各种票券、表格等代表展会参加者可能得到的服务利益,区分服务质量,变无形服务为有形服务,增强展会参加者对服务的感知能力。

②服务环境的有形化。服务环境是展会提供服务和参展者享受服务的具体场所和氛

围,它虽不构成服务产品的核心内容,但它能给展会带来"先入为主"的效应,是服务产品存在不可缺少的条件。

③服务提供者的"有形化"。服务提供者是指直接与参展者接触的展会工作人员,其所具备的服务素质和性格、言行会直接影响到服务营销的实现,展会应对员工进行服务标准化的培训,使其掌握进行服务的必备技术和技巧,以保证他们所提供的服务与展会的服务目标相一致。

值得一提的是,随着计算机多媒体技术的进步,会展行业出现了Web3D虚拟展厅应用,其优势在于:第一,VR技术可以提供完整的三维虚拟展馆展示系统,提高展品认知度;全方位立体导览,虚拟互动体验,提高用户观展兴趣。第二,多人在线互动增加观展趣味性。第三,Web3D虚拟展厅突破了现实观展的局限性,用户可以不受地域和时间限制,远程参与体验并且全面了解展品信息。第四,虚拟展厅可以根据实际情况定制展示内容,比如:3D展馆虚拟漫游、3D展品互动、虚拟导游、线上3D展区展览等。目前在科博馆、艺术馆、革命展馆、工业展馆、图书馆、旅游景区、各类会展、企业体验中心以及各种园区都有应用Web3D技术进行展示。

2)会展服务的有形展示类别及管理要点

会展服务有形展示的管理可以分为3个类别:

(1)环境展示及其管理要点

会展服务的环境展示主要包括建筑物、内部装潢、场所布局与设计、设施设备等。

建筑物的规模、造型、使用的材料以及与邻近建筑物的区别,都是塑造客户观感的因素,因为它们往往能令人联想到牢靠、永固、保守、进步或其他各种印象。例如,作为北京奥运会开幕式主场馆的"鸟巢",作为比赛场馆的水立方等众多建筑均展示了中国的科技水平和建筑水平;上海世博会上的中国国家馆建筑外观以"东方之冠,鼎盛中华,天下粮仓,富庶百姓"的构思主题,向海内外客人充分表达了中国文化的精神与气质。

恰到好处的内部装潢可以加强客户对展会活动的印象和好感。例如,如果想办一届儿童玩具展,就可以在场馆的墙面上挂出各种各样的卡通、乐园类图画,还有五颜六色的小旗子、绿树、红花等,烘托出一种无拘无束的氛围;对于想参加家居展的企业,若要营造简洁、温馨、方便的家的感觉,则可在特装展位上通过对色彩和空间的运用来实现:墙面可以淡粉色、淡黄色为主,地毯的色彩与墙面协调,小巧的高圆桌代替写字台和茶几等。

场所布局与设计主要指根据目标客户(包括外部目标市场的客户和企业内部员工)的良好心理感受(美化因素)以及给客户带来便利性(功能因素)的服务流程的需要对空间布局、设备摆放、行走路线等进行的优化设计。比如,在展览会中,展台可以说是一个企业的名片,展台的大小、设计、外观必须尽善尽美,符合客户审美标准,才能使企业在展览会中立于不败之地。我们评价一个展台是否成功的标准不是看它是不是很华丽、很奢侈,而是看它的沟通能力,它所表达的概念,展台所确定的功能性和展品本身的内涵。

展会上还可利用服务设施设备来传递服务能力、服务质量和服务形象,展示为参展商和观众提供优质服务的条件。服务设施设备不能以高级或昂贵程度作为衡量服务设施是否完善的标准,真正有效的设施设备是最符合展会实际情况,最能满足参展商和观众需要的设施设备。

（2）人员形象展示

人员形象展示又称为人员展示，是指通过对人员形象与举止的适当表现，来提供给顾客以评价服务感受的有形线索。作为有形展示的组成部分，人员展示主要有：外表、语言、行为、精神面貌等。

服务提供人与服务对象密不可分，舞台上的演员会为戏剧演出增色，服务员工的形象与举止也会影响客户所接受服务的感知。

一般情况下，参展商与观众并不对服务和服务提供者进行区分，认为二者是等同的。因此，仪表、仪容、仪态是会展服务人员的门面，也是会展企业的门面。会展服务人员通常在工作场所穿着统一的制服，不仅便于客户对其进行识别，也以有形线索显示了所提供服务标准化的信息。同时，相似的款式、颜色和造型，能激发一种稳定和可信赖的感觉。2008年，北京奥运会志愿者的装备也成为北京的名片。志愿者服装中，工作人员制服为红色，志愿者制服为蓝色，技术官员制服为灰色。制服色彩动感流畅、欢快大方，传达了奥运理念和中国元素。

服务人员的语言因素也非常重要。语言因素包括语调、语气、音律等，是人际的重要手段，反映了服务人员的素质，也会给服务质量的优劣提供直接依据。

会展服务人员的行为方式反映了企业的服务理念。会展企业的服务理念扎根于每一个员工的内心深处，直接影响他对客户的服务。因此，服务人员的行为方式也可以反映服务质量的高低。参展商和观众会通过服务人员的行为方式了解到会展企业的服务精神，进而可以了解服务质量的优劣。

人的精神风貌是服务文化在服务人员身上的直接反映，也是企业管理质量的重要表现。良好的精神风貌不仅可以在员工之间相互影响而且还能感染参展商和观众，使客户消除服务无形性给他们带来的心理压力。

（3）信息沟通展示

信息沟通是另一种服务的有形展示类型。这些来自企业本身以及其他引人注意的沟通信息通过多种媒体传播来展示服务。包括标志、价格、目录、票据、宣传品、图片、照片、题词、橱窗、录像、影视、荣誉、证明、表扬、理念、口号等。例如，会展业的信息展示主要有招展说明书、广告、Logo、公司手册、信封、卡片等。

会展服务的信息环境是会展营销主体机构运用语言文字、数字、图表等形式营造出来的，是服务会展内容的营销策略，目的是向客户说明展会的服务质量或提供的价值有别于或高于竞争对手。如北京2008年奥运会形象，包括奥林匹克五环、北京奥运会会徽、色彩系统、主体口号、二级标志、吉祥物、体育图标、核心图形以及一组图片形象，是向世界展示中国以及北京的文化传统、城市形象和人文精神的载体。

会展营销主体机构还可以通过服务理念、服务口号来展示自己的服务宗旨，使客户认识到服务机构的真诚，从而增强客户对服务机构的信心。北京奥运公益广告弘扬了"同一个世界，同一个梦想"的主题口号，营造了"迎奥运、讲文明、树新风"的社会环境。同时，北京奥运会公益广告还具有传承民族文化的作用，表现出了浓郁的本土化色彩以及平民化、生活化特征，各界普遍反映公益广告形象生动地宣传了"绿色奥运、科技奥运、人文奥运"的理念。

此外，信息沟通展示也应重视名人效应。名人题字、名人参/观展的展会活动，对于一般客户具有强大的召唤作用,而且可以消除他们对服务质量的担忧。

【实训项目3-3 会展现场调研——步骤3】

依据以上知识要点介绍,班级按照分组情况,到某展会现场开展调查。由各小组分别选择一家参展企业,观察该企业的有形展示(环境展示、人员展示、信息沟通展示)情况,对其有形展示做出评价,并根据评价情况提出进一步优化有形展示的建议。对各小组进行评比,完成表3-3。

要求:

1. 同一小组内,成员分工协作,目标一致。

2. 根据本组的调查结果与分析制作PPT,要求图文并茂。

3. 小组代表阐述本组的PPT,最后上交电子版和打印版PPT。

表3-3 评分标准

评价项目	细化标准	学生互评/分(权重40%)	教师评分/分(权重60%)
个人参与报告(30分)	语言通顺、符合逻辑(5分)		
	记录个人在小组活动中的主要工作(10分)		
	记录个人在小组活动中的体会和感受(5分)		
	能够联系本门课程的知识(10分)		
内容(40分)	服务环境展示(10分)		
	人员展示(10分)		
	信息沟通展示(10分)		
	优化建议(10分)		
PPT应用(10分)	是否切合主题,与讲解内容相吻合(3分)		
	制作美观易懂(3分)		
	配合解说(4分)		
解说情况(10分)	使用普通话,语音标准,声音洪亮,吐字清晰(2分)		
	语言流畅,表达清晰明了(4分)		
	层次分明,重点突出(4分)		
团队合作(10分)	团队有分工合作(5分)		
	团队共同参与(5分)		
小 计			
合 计			

【实训追问】

服务消费不仅仅是消费了服务结果,还消费了服务过程,是结果消费与过程消费的统一。据此,你认为案例材料1至材料4中传递了展会举办过程中哪些信息?

任务3 服务过程在会展营销中的应用

1)服务体验的重要性

体验是指因受客体的某些刺激而使主体产生的内在反应或心理感受,通常是由对事件的直接观察或是参与引发的。

产品、服务对客户来说是外在的,体验则是内在的,存于个人心中,是个人在形体、情绪、知识上参与的所得。那些能刺激客户感觉、心灵和大脑,并且进一步融进其生活的体验,才能使客户内心深处感受到强烈的震撼,得到他们的支持和认可,从而继续体验。

2011年,美国著名未来学家阿尔文·托夫勒指出:服务经济的下一步是走向体验经济,商家将靠提供体验服务取胜。

随着体验经济的渐进发展,人们越来越看重服务过程中所产生的满足,人们期待某些不同寻常的产品或经历,并乐于体会由此产生的心灵感受。

2)如何提供完美的服务体验

会展营销主体机构要想提供完美的服务体验,就必须切实站在参展商和观众的立场上,以提高客户整体体验为出发点,从客户的感觉、情感、思考、行动及关联等方面进行设计,有目的无缝隙地为客户创造匹配品牌承诺的正面感受。

具体来说,会展营销主体机构可以通过增强服务的可靠性、提高服务的响应性、加强服务的移情性来确保参展商或观众得到完美的服务体验。

(1)增强服务的可靠性

可靠性是指会展营销主体机构准确、无误、及时地完成所承诺服务的能力。可靠性实际上是要求会展营销主体机构避免在服务过程中出现差错,因为差错给会展营销主体机构带来的不仅是直接意义上的经济损失,而且还可能失去客户的信任,损害自己的市场形象。

会展营销主体机构可以从与参展商或观众接触的各个点上来增强服务的可靠性。

①寻找接触点。满意的服务体验不是因为展会给得多,而是参展商或观众在服务接触点上留下了良好的印象。例如,在两小时的服务过程中,可能给参展商或观众美好享受的只需要两三分钟,甚至更少,也就是说一个服务接触点就决定了服务体验的舒适度。因此,会展营销主体机构必须细致入微地寻找接触点,注重与参展商或观众的每一次接触。

②构造美好的接触点。服务接触点既是会展营销主体机构证明其服务能力和提高客户忠诚度的机会,也可能是令客户失望、失去客户的瞬间。例如,参展商来到展会现场所经历的主要接触点有办理报到手续、由服务人员引导至贵宾室、食宿行程安排、要求提供

接机、船、车以及咨询等,每个接触点都是客户感受展会服务质量的机会,展会必须在这些接触点上为客户提供优质的服务。

③落实接触点的服务规范。会展营销主体机构要在了解客户期望的基础上,设计每个接触点的服务标准,统一每个接触点的服务规范,降低服务的随心所欲性,缩小每个点上客户期望与服务实际表现之间的差距。

(2)提高服务的响应性

响应性是指重视客户的感受、愿意协助客户解决问题,并且迅速满足客户需要的能力。响应性强调在处理客户要求、询问、投诉和问题时的专注和快捷。

"服务"一词在英语中为Service,有人将这个单词的每个字母所代表的含义解释为:

S——Smile(微笑),即服务是对每一位客户提供微笑服务。

E——Excellent(出色),即服务提供者要将每一项微小的工作都做得出色。

R——Ready(准备好),即服务提供者要随时准备好为客户服务。

V——Viewing(看待),即服务提供者要把每一位客户都看作需要特殊照顾的贵宾。

I——Inviting(邀请),即服务提供者在每一次服务结束时,都要邀请客户再次光临。

C——Creating(创造),即每一位服务提供者要精心创造出使客户能享受其热情服务的气氛。

E——Eye(眼光),即每一位服务提供者始终要用热情好客的眼光关注客户。

比如,要求服务人员在与参展商或观众进行电话沟通时,服务人员必须遵循:在电话声响起三声时必须接听;要向来电者致以恰当的问候;要及时报出公司的名称,内部电话要报出接听者姓名;获知来电者姓名或称谓时,要在通话过程中称呼对方两次;等等。这样的服务就能显示出诸多的响应性特征。

(3)加强服务的移情性

移情性是指会展营销主体机构设身处地地为参展商和观众着想,并对他们给予特别的关注,努力了解和满足他们的实际需要,使整个服务过程富有"人情味""人性化"。

移情性要求服务要考虑服务的对象是人,人性是有差异和弱点的。因此服务过程中要"以人为本",以人为中心,以人为出发点和归宿。只有从人本理念出发,才能真正把握和理解客户的需要。例如,为方便参展商办理报到手续,可以在接待点放置签字笔、老花镜、便笺等方便设施供客户随时使用;为减少客户等待时的焦虑心情,可以设置休闲区,在那里摆放报纸、杂志、宣传资料等供客户翻阅。

3)加强与客户的互动

所谓"互动"又称为"交互",按照《辞海》的解释,是指一种使对象之间相互作用而彼此产生改变的过程。从市场营销的角度来看,参展商或观众与会展营销主体机构双方的任何接触,都可以视为互动。

会展营销主体机构通过加强与参展商或观众的活动,有利于客户信息的收集与传播,能增进双方之间的相互信任关系,营造良好的服务效果。因此,为了使服务过程生动、有趣、成功、圆满,会展营销主体机构必须与客户进行互动。互动的方式方法很多,其中,面对面的互动是一种提高客户满意度的有效方式。例如,在展会现场配置足够且熟练的服务人员,为的是第一时间了解参展商和观众需求,分流观众到最合理的区域,同时引导参展商和观众,帮助他们以最合理的方式完成参/观展,服务人员还需在展会现场不断巡视,主动热情解答参展商和观众的咨询等。

为了提高互动效果,应注意以下几个方面的问题:首先,会展营销主体机构要及时、主动与参展商和观众保持互动;其次,会展营销主体机构要积极建立客户互动制度,清清楚楚、明明白白地告诉参展商和观众,展会机构接受互动的部门及其联系方式和工作程序;再次,降低客户互动的"门槛",为参展商和观众等提供各种互动的途径,并保持畅通,让互动变得简单。当然,通过各种培训和激励增强服务人员的互动能力和意愿也非常重要。

【实训项目3-4 参展商服务体验训练——步骤4】

一、总体目标

1. 分组练习。

2. 一类组为展会公司,负责提供参展信息。

3. 一类组为模拟参展企业,带着虚拟任务进行客户体验,最终负责为本企业提供参展解决方案。

4. 各组PK,选出最佳方案。

二、相关要求

1. 分组。每组不超过8人,具体名单由学习委员提供,并选出小组负责人,即组长。

2. 展会公司提供的信息应详细、清晰。

3. 解决方案必须经过实地调查,具有一定的可操作性,有条件的小组可进行跟踪拍摄。

4. 方案评价邀请企业专家或专职教师参与。

三、客户体验调查内容

1. 展会公司招展宣传。

2. 展会咨询服务。

3. 展会布展服务。

4. 展会吃住行安排、物流配送等配套服务。

5. 展会接待服务。

6. 展会现场服务。

7. 展会跟踪服务等。

备注:需事先做一定准备,可到学校所在地城市某一展会现场进行实地调研,也可查找网络资料。

四、成果形式

1. 展会公司组别应提交一份详尽的展会活动策划方案。

2. 模拟参展企业组别应根据展会公司提供的展会活动策划方案提交一份企业参展解决方案。

【实训项目总结评分——学生互评与教师点评】

表 3-4　项目总结评分表

大类指标	指标分解	指标分值/分	学生互评/分（权重30%）	教师评分/分（权重70%）	总分/分
项目控制系统设计	系统合理性	15			
	结构逻辑性	10			
进度控制甘特图	图例准确	15			
	图例美观	10			
质量控制计划	计划合理	15			
	有逻辑性	10			
质量检查表	指标合理	15			
	完整、准确	10			

项目 4
会议营销策划

【案例导入】

达沃斯经济论坛

图4-1 达沃斯经济论坛

世界经济论坛（World Economic Forum,WEF）是以研究和探讨世界经济领域存在的问题、促进国际经济合作与交流为宗旨的非官方国际性机构。总部设在瑞士日内瓦。其前身是1971年由现任论坛主席、日内瓦大学教授克劳斯·施瓦布创建的"欧洲管理论坛"，因为这个论坛在全球的影响力不断扩大，它在5年以后改为会员制。1987年，"欧洲管理论坛"更名为"世界经济论坛"。论坛会员是承诺遵守论坛"致力于改善全球状况"宗旨，并影响全球未来经济发展的1 000多家顶级公司。

达沃斯位于瑞士兰德瓦瑟河畔，海拔1 560米。这里群山环抱，风光旖旎，一条宽阔的中心大街横穿市区，两旁山坡上错落有致地排列着色彩和谐的楼房。达沃斯虽小，却闻名遐迩。通常在每年年初，世界经济论坛都要在这里召开年会，因此世界经济论坛也被称为"达沃斯论坛"或"冬季达沃斯"。

按照世界经济论坛组织的定义，"冬季达沃斯"是世界500强企业同各国和地区政府的对话，研讨全球经济问题的场所。论坛组成的核心是其会员和合作伙伴。目前，论坛拥有1 000多名会员，全部是世界知名企业和公司。每年的世界经济论坛年会均有来自数十个国家的千余位政界、企业界和新闻机构的领袖人物参加。世界经济论坛已经成为全球政界、企业界人士以及民间和社会团体领导人研讨世界经济问题最重要的非官方聚会和进行私人会晤、商务谈判的场所之一。西方舆论由此称它为"非官方的国际经济最高级会议"。

每年在达沃斯召开的论坛年会，一般是在1月下旬，会议持续约一周时间，每年都会确定一个主题，在此基础上安排200多场分论坛讨论。随着国际形势的发展和变化，世界经济论坛所探讨的议题逐渐突破了纯经济领域，许多双边和地区性问题以及世界上发生的重大政治、军事、安全和社会事件等也成为论坛讨论的内容。

中国同世界经济论坛保持着密切联系。从1979年起，中国多次应邀派团参加世界经济论坛年会。2005年，世界经济论坛主席施瓦布提出了"中国夏季达沃斯"的设想。2006年6月，世界经济论坛北京代表处正式成立。2007年9月6日，首届夏季达沃斯论坛年会在中国大连举行。进入21世纪第二个10年，中国在国际社会的综合影响力显著提升，而世界经济论坛也越来越多地关注中国的转型和发展，关注中国在国际社会中扮演的角色，中国的声音也越来越多地被人们聆听。而随着中国企业走向国际，达沃斯也成为中国企业展示自我的重要平台。

（资料来源：百度百科网）

【实训项目4-1　任务准备——步骤1】

表4-1　学生分组表

小组名称	小组成员及人数
市场调研组	
主题策划组	
广告宣传组	
公共关系组	
会场接待组	
后勤保障组	
⋮	

表4-2　甘特图举例

	工作内容	小组人员	7月	8月	⋯
市场调研	市场分析				
	问卷调查				
	参会人士分类调查				
	撰写工作报告				
	热点问题收集				
主题策划组	主题分类				
	主题确定				
	各主题讨论问题策划				
	审核确定				
广告宣传/公共关系	项目营销预案				
	进行会议前期宣传				
	展会招商招展				
	开幕式工作				
	会员关系管理				
	新闻发布会				
	⋮				
会议接待组	礼仪培训				
	分组接待				
	秘书服务				
	⋮				

续表

	工作内容	小组人员	7月	8月	…
后勤	现场管理及维护				
	媒体协调				
	⋮				

任务 1 界定会议产品

会议是人们围绕一个共同的主题,进行信息交流或聚会、商讨的活动。一次会议的利益主体主要有主办者、承办者和与会者(许多时候还有演讲人),其主要内容是与与会者进行思想或信息的交流。

一般来说,会议的主办者制订会议的计划并委托给承办者,承办者将围绕既定的主题进行精心设计,并在市场上联系会议的买家(目标与会者)、相关人员(如政府官员、演讲嘉宾等)以及举办场所,最后自己接待会议,或将业务分包给会务公司。

活动 1 细分会议市场

1)根据会议的性质来划分

参照《国际会议业词典》,主要的会议类型有:

(1)年会、例会(Convention)

就某一特定的议题展开讨论的聚会,议题可以涉及政治、贸易、科学或技术等领域。年会通常包括一次全体会议和几个小组会议。年会可以单独召开,也可以带展示会。多数年会是周期性的,最常见的周期是一年一次。全体会议需要召集所有与会者,因此通常要租用大型会议厅、大型宴会厅、小型会议室等。

(2)专门会议(Conference)

与年会基本相同,可以是任何组织为会面和交流看法、传递信息、进行讨论或向公众公开某一观点的聚会,不要求定规、连续性或指定的时间周期。由于是针对专门目标,专门会议的规模通常较小,常常是针对科技界的会议。

(3)代表大会(Congress)

几百人乃至几千人定期的聚会,一般讨论某一特殊议题。常持续几天时间,并同时召开几个分会。这一词语最常被欧洲人和国际性会议使用。大多数国际性代表大会都多年召开一次,而国家性的代表大会较为经常,一般每年召开一次。

(4)峰会(Summit)

一般指高级官员,如政府首脑间的会议。

(5)专题学术讨论会(Symposium)

比较正规地交流学术、讨论观点的聚会。典型特点是由一些个人或专门小组做示范讲解,有一定数量的听众参与讨论。

(6)论坛(Forum)

就某些议题展开反复深入讨论的聚会。一般由小组组长或演讲者主持,有不少听众参与,小组组长和听众都可以提出问题,展开讨论。会议主席总结各方意见并引导讨论的方向。

(7)讨论组(Workshop)

各小组参加全体会议,就专项问题或任务进行讨论的聚会。参加者互教互练,交流知识和技能。通常用于技能培训。

(8)研讨会(Seminar)

小型的论坛或专题学术讨论会,强调充分的参与性。

(9)培训会议(Training)

就某一课题进行指导和操练的聚会。形式以小组为主。

(10)学会(Institute)

某一行业或专业设立的机构为了同一论题而举办的延续性会议。目的是进一步提供教育培训的机会。

此外,还有专题讨论组(Panel)、进行会(Retreat)、讨论分析课(Clinic)等会议类型。上述词汇代表了大同小异的会议种类,当一个活动找不到更恰当的词来冠名时,人们就简称为"会议",泛指人们聚到一个地点商议或进行某种特殊活动。

2)根据会议主办者的身份分类

会议的主办者是会议的组织者和策划者。

(1)公司类会议

会议是公司内部和对外进行沟通的最基本方式之一。公司会议市场发展十分迅猛,每年有成千上万的会议在全国各地举行,涉及的范围也很广。公司会议活动分为内部和外部,内部会议的与会者都是公司员工,例如销售会议、管理会议、培训会议等;外部会议则是公司客户关系管理战略的重要组成部分,通过邀请客户参与公司的发展过程,与客户建立密切的关系,这类会议有新产品发布或推介会、分销商会议、股东/公共会议、专业/技术会议等。

大多数公司会议在酒店召开,也有些在专门的会议中心和管理培训中心召开。这些地点都要具有专用的会议设施,并配备比较高档的住宿条件。

(2)协会类会议

众多遍布全国甚至全球的协会是最常见的会议组织者。它们的规模各异,性质也互不相同,地方性协会、全国性协会乃至国际性协会每年都要举办各种会议。参照美国协会管理人员团体(ASAE)的构成,协会可以分为以下几类:

①行业协会。因协会的会员多为行业内的成功管理人员,故行业协会是会议市场最值得争取的市场。

②专业或科学协会。在专业科学界,很多专业都有自己的全国性学会及各地分会,是由来已久的会议举办者。

③技术协会。

④志愿者协会和学会。协会是为其会员和规模较大的社团提供服务的机构。它们同样需要相当高的会议管理和服务水平,因为它们常常更需要为世人瞩目,要赢得媒体的关注和宣传。协会类会议必须收回会议本身的花费,经常还要做出盈利的计划,以作为以后协会的管理和运营费用。另外也有一些协会,是通过专业的协会管理公司的会议策划部门来组织协会会议的,例如奖励和旅游管理者协会(SITE)就是由这样的协会管理公司运营的。

在 ICCA(国际会议协会) 数据库中,全部的协会类会议都符合下述的标准:按正规方式组织;至少在 4 个不同的国家之间轮流召开会议,最少吸纳 50 名与会者。由于规模较大,协会类会议常常要在专门的会议中心或会展中心召开。也有不少接待能力较大的酒店可以吸引这块市场。

(3)非营利性机构(公共部门会议)

这类主办者的会议与协会比较相似,主要有政府机构、工会、宗教团体、医疗卫生服务机构等。它们都是非营利性的,有不同的资金来源,很多可以使用公共资金。

在北美,有时候使用 SMERF 团体,即社会团体、军事机构、教育部门、宗教团体以及兄弟会来表示那些在工作上没有直接关系的各种组织。它们对价格很敏感,更易在淡季预订会议,常常由专业人士策划,且策划人常常变化。

(4)工商企业类(典型的营利性会议)

这类会议主办者完全是市场化运作的。它们一旦在商业界或科研界发现热点问题,就会主动选定议题,策划一个会议,一般会邀请高层次的专家对此问题进行演讲、讨论和辩论。它们的目的是为任何愿意付费参加会议的人出售会议产品。它们的收入来源于参会费、广告费、冠名费等,成本是会议地点收费、宣传营销、邀请演讲人等,自负盈亏,风险和收益同时并存。

这类会议一般由出版社、贸易协会、科研团体和个体会议组织者组织。它们成功的前提是敏锐触摸时代和行业的脉搏,收集详细而前沿的资料,抓住潜在客户,积极宣传造势。

任务2　识别会议客户的采购行为

会议营销就是通过建立数据库收集目标销售对象的数据,并且对这些数据进行分析、归纳和整理,选出潜在的销售对象,然后通过举行会议的形式,运用行为学、心理学等理念,进行有针对性销售的一种营销模式。

活动1　分析会议客户的构成和特点

1)与会者

一般认为与会者是会议产品的"买家",是会议营销最重要的对象。

2)赞助商

多数的营利性会议,对赞助商的营销是非常重要的。对于赞助商们来说,要购买的其实是会议活动这样一个重大事件所附带的新闻价值,这和与会者对会议产品的认知有着很大的不同。

3）政府、协会及公众

会议举办地政府、相关协会及公众的参与可以在一定程度上显示会议的正规性和权威性，提高参会者的参会热情，通过促进举办地经济发展和相应社会效益的产生，使当地政府、公众等对会议的举办更加重视。

4）媒体

适当的媒体宣传可以扩大会议的知名度与影响力，是会议客户组成中不可缺少的一部分。

5）演讲人和嘉宾

通常由会议组织者负责邀请，虽然表面上他们并不是会议产品的购买者，但实际上演讲者和嘉宾的层次在很大程度上决定着会议信息交流的质量和会议影响力的大小。选择好演讲人和分组或讨论的主持人，是活动成功的重要因素。

活动2　识别会议客户采购特征

会议客户的采购行为是会议产品设计和营销过程中最需要关注的因素，根据对会议客户采购行为的调查和研究发现，会议客户在进行会议采购时具备以下特征：

1）根据会议的主题有针对性地选择会议产品

会议的主题就好比一般产品的核心利益一样，是会议的灵魂。主题是否具有吸引力，是否符合受众的心理，是否切合当今的政治、经济形势等，都关乎其是否具有吸引力，决定会议的成败和客户的采购行为。

会议主题在确定时可从以下几个方面着手：

（1）以社会热点问题和事件为主题

社会热点问题和事件是社会大众都关心和谈论的，甚至是与其有着切身利益关系的，人民群众对此保持较高的兴趣和关注度，大众媒体也会争相报道。这时若能及时地组织相关主题会议，必能吸引会议客户的参与，并引起相应的社会轰动效应。

（2）以行业内共同关心的或有争议的问题为主题

一个行业所共同关心的问题包括这个行业的动态、发展、问题、竞争、人员等，尤其在经济领域，行业内的一个问题或事件往往会引起整个行业的反响。若能根据这些热点问题组织相关行业主题会议，势必会吸引行业专家参与。

（3）以新产品、新技术的出现为主题

企业在新产品上市或是产品性能有重大改进等事件发生时，往往要召开新闻发布会，或召集有关方面的专家、媒体记者等进行产品论证会和产品功能研讨会，以期扩大影响，吸引更多的参会者。

（4）以特定人群所关心、需要的话题为主题

特定人群是指社会上某些共通性比较强、人群特征比较突出、相对数量比较小的群体组合。如果特定人群的消费特征、喜好、收入水平等比较相同，比如政界人士、企业高层、企业经理人阶层、广告营销界从业人员，都可以算作社会中的特定人群。

2）比较关注议程的策划与安排

会议客户除了对会议的主题比较关注外,还对会议的议程策划和安排比较在意。因此,会议的组织者需要在会议前期通过有效的广告宣传、公关活动、直接营销等手法,并结合新兴的网络媒体,进行相应的营销活动。为了使会议的议程策划和安排对会议客户更加具有吸引力,会议举办者应做好以下几个方面的工作:

首先,需要分析与会者的心理、行为、职业以及媒体接触习惯等特征,以便做好宣传。而一些以邀请为主的会议,虽然前期广告宣传不多,但媒体对其进行的新闻报道也不失为一种更有效的宣传。

其次,需要根据对潜在与会者的研究分析来确定何种媒体,确定通过什么形式的广告宣传来告知消费者。例如,若针对企业高层管理人员,那么报纸就是首选;如果针对广告从业人员,那么业内杂志和网络是首选;如果针对的是政府官员,那么机关报纸是首选。

如果会议主办方或承办方拥有数量庞大的数据库,还可以采取目标针对性更强的直接营销方式,如邮寄信函、电话咨询、电子邮件、直接上门拜访等,对潜在与会者进行"一对一"的互动式沟通。

3）注重会议活动中的软硬件条件

会议目的地的选择、会议组织者的服务水平、会议计划、会议支持服务、会议的总体氛围、物品设计、会议食宿条件、食品质量和包装、会议场地的温度、灯光、视听设备系统等都会影响会议客户的采购行为。因此,会议组织者需要根据与会者的特点、会议性质及功能的差异,拟订人力资源需求计划,然后经由具有此方面经历及专长的人力资源专员筛选出合适的人员,并进行专业培训,以使其在会议现场提供明确而贴心的服务,吸引会议客户对会议产品的购买欲望。

【实训项目4-2 会议的议题分析——步骤2】

2020年瑞士达沃斯世界经济论坛共有7大主题,包括健康的未来、如何拯救地球、更好的企业、超越地缘政治、更公平的经济、科技向善、工作的未来。议题内容分为6个关键要旨:如何动员企业应对气候变化风险,并确保生物多样性保护措施延伸至森林和海洋;如何消除长期债务负担,并保持经济以更高包容性的速度运行;如何就第四次工业革命中的技术推广及应用达成全球共识,避免"技术战争";如何在未来10年提高10亿人的技能;如何以"达沃斯精神"为解决全球冲突架起桥梁;如何帮助企业在第四次工业革命中创造必要发展模式,以及如何推动企业在政治紧张、技术变革和利益相关者期望值不断增长的形势下经营。会议议程包括51场生态主题会议,27场经济主题会议,89场社会事务主题会议,65场技术主题会议,82场产业主题会议,50场地缘政治主题会议。

【实训追问】

请比较2019年与2020年冬季达沃斯经济论坛的主要议题的不同,这些议题的讨论对推动当今经济的发展有什么作用?

【实训拓展】

1.达沃斯经济论坛的影响力和价值体现在哪些方面?

2. 根据往届达沃斯经济论坛的议题特征,尝试制定出下届达沃斯经济论坛的会议主题和分会讨论议题。

任务3 制定会议营销策略

会议营销的核心就是在消费者心目中建立对品牌的信任,并长期地维护这种信任。在竞争日益激烈,市场高度同质化的今天,仅靠产品本身往往难以达到这一目的,还要与消费者进行针对性宣传,提供真诚的服务。有效的营销策略都是极具个性化的,只有精确地锁定目标消费者,并与之开展一对一的沟通,满足消费者差异化的需求,才能提高满意度,增强品牌忠诚,使企业得到长期的发展。

会议营销正是建立在一对一互动沟通基础上的一种整合服务营销体系,主要是通过建立消费者资料库,收集目标消费者的资料,并且对这些资料进行分析、归纳和整理,筛选出特定的销售对象,然后利用会议的形式,运用心理学、行为学、传播学等理念,与消费者面对面地进行有针对性的宣传、服务,以便达成销售的一种营销模式。它涉及信息的收集和有效化处理、目标人群的前期联系、现场的组织及跟进服务等方面。

一般而言,会议营销由会议前营销、会议中营销、会议后营销3部分组成。会议前营销是收集消费者名单,然后通知目标消费者到会议现场;会议中营销是在会议现场运用各种促销手法进行促销活动,尽最大的努力去激发目标消费者的购买欲望;会议后营销是将参加了活动的目标消费者进行再次筛选,确定名单的有效性,做好会议后的营销工作。

活动1 确定会议营销渠道和手段

1) 会议产品的销售渠道

销售渠道(Place),是将特定的会议产品向目标客户准确地传达价值信息并实现销售的途径和网络,是向预期客户推销会议产品的途径。会议产品的核心特征是服务和价值概念,因此要成功地通过对这些价值特征的传递来实现营销的目标,主要的渠道有以下几种:

(1)直接销售

直接销售是指会议组织机构直接将会议产品销售给最终客户,其主要方式有直接邮寄、电话营销、电视营销、网络营销、人员或各种媒体直接与目标市场中的潜在消费者进行沟通等。

(2)通过会议所涉及的行业协会

某一次会议活动中具体涉及的某个行业的协会,通常作为会议的主办方与会议公司开展合作,是会议营销中需要充分利用的渠道。通过它们的组织体系和关系网络开拓会议销售,针对性很强,通常具有很直接的效果。

(3)通过会议业行业协会

会议行业协会可以帮助会议业的成员推介和宣传,提供统计信息、教育和培训服务。目前中国已经加入亚洲会议和观光协会(AACVB),但至今国内还没有全国性的会议业协会,地方上已经出现了一些会展协会组织,如上海会展行业协会。

(4)通过目的地营销组织

各国会展业的情况不同,但一般目的地营销组织(Destination Marketing Organization, DMO)都会在会议营销中起到很重要的作用,最主要的是它能够把特定的会议活动融入整体目的地中进行宣传,而且能令会议的相关安排,包括设施的安排、现场的布局等都能够既快又好地落实,这一点在国际性会议的营销中显得尤为重要。其主要营销组织有以下几种:

①会议和观光局。负责将举办地推向市场,宣传举办地优势,能够发挥宣传与营销的催化剂作用,创建和保护会议的"品牌形象"。

②会议办事处。会议办事处是在当地没有设立会议局的地方而设立的,是当地政府的旅游市场营销活动的从属部门。其承担的市场营销活动与会议局相同,其主要区别是在组织结构和资金来源上,必须向地方政府部门中的主管和委员会主席汇报情况。

③国家旅游组织。国家旅游组织是由公共部门投资,负责向国际旅游界开展对外整体宣传工作的组织,主要负责市场营销活动。

会展部门应该十分重视与旅游部门的合作。在具体实施广告宣传时,将某地区的会展与旅游项目结合起来同时进行,会展宣传附带介绍当地旅游资源的丰富和吸引力,而旅游项目宣传也应注重营造本地区适宜举办会展的氛围,这样也可以达到相辅相成的效果。

(5)通过代理商和中介机构

代理商和中介机构是各种既是提供者又是购买者的不同组织,代表它们的客户行使购买职能。它们又起着中介人的作用,通过协议来帮助策划和运作会议活动。

(6)其他

如咨询机构、教育机构和研究机构等,它们有可能参加一类"会议形象大使计划"活动——通过招揽和承办重大的全国性的或国际性的会议,帮助感兴趣的学术机构或专业人员提升自己的组织和家乡城市的形象。

2)会议营销的综合法则

(1)明确会议营销的主体方向

活动的营销并不是单纯地为了扩大与会的人数,还要让关注活动的人(演讲人、与会代表、会议地点和举办地、贸易传媒等)都持积极态度,并利用营销提高活动在本行业内以及会议业内的知名度。

(2)尽可能接近和了解潜在与会者

营销工作始于最早阶段,即便仅仅是发送会议通知,也要让潜在的与会人员记住开会的日期,切实保证用于宣传该次活动的宣传品被广泛收到,达到引人入胜的效果。

(3)努力开拓促销范围

突破现有的关系网,寻找新的演讲嘉宾、志愿者或项目开发委员会,以拓展新的与会者群体。

(4)重视合作

会议主办、承办与中介组织、国家级到城市级的会议主管机构、会议与旅游单位或部门应通力合作。会议局与当地会议旅游局合作,可以联合宣传举办地的旅游景点,以增强会议的吸引力。

活动2　制定会议营销策略并定价

1) 会议促销的主要手段

促销是营销活动的一个重要组成部分,会议产品大多有项目周期短、持续时间不长的特征,而会议产品促销是向客户推介会议产品的方式,是说服客户购买会议产品,以及与客户相互沟通、建立关系的过程。不同的促销方式有不同的特性和成本,会议营销人员在运用这些策略时应了解这些策略的特性,作为会议的组织者和统筹者,需要不断探索这些相关促销工具的有效应用和有机组合,以期获得更高的效率。主要的策略包括以下几种:

(1) 直接邮寄

会议经营企业的一项重要工作就是建立和维护客户数据库。其中,对于名录的维护,既可以由企业自己来完成,也可以外包给从事名录维护的专业机构。

(2) 广告宣传

一般会议前6个月开始广告宣传,需要精心挑选各类媒体,并把它们整合到整体营销计划中。如果要选择广告代理商,则选择那些对特定产业、会议产业以及所要宣传的会议主题熟悉的代理商。投放广告的具体途径可以通过自己主办的出版物、行业刊物、会展协会成员宣传册、目标市场影响较大的刊物等。

会议业的行业媒体主要有月刊、双月刊和季刊等各种形式的杂志,它们刊登各种会议热点问题的理论、操作技巧、信息统计报告等,对推动会议行业的发展起到一定的指导作用,并且是会议提供者向潜在客户展开宣传的重要媒体。

(3) 网络促销

互联网能使会议公司或会议中心通过网络来创立自己的高品质形象。利用互联网可以创建一个图解式的介绍,展示一个声像结合的彩色形象,强调互动性,这就是网络促销的好处。

会展网站是会展业自身具有的宣传工具,要注重会展网站的建设,充分发挥它的宣传作用。首先要完善自身网站的宣传工作,可以为大会建立专门的网址,并且加大在相关网站(如特定的协会组织网址、举办地的信息网等)的宣传力度,或采取友情链接的方式,在所有的 E-mail 促销中,建立与会议网站之间的链接;还可以开通在线注册来增加与会者人数。

(4) 公共关系

公共关系(Public Relationships)的目的在于向受众传递信息,影响受众的观点并激发他们参加会议的兴趣。公共关系强调激起别人对组织和会议的某种态度或想法,使营销人员的主动性加强。由于公共关系所传达的信息不是来自赞助机构而是来自第三方,因此更有可信性。

(5) 媒体策略

媒体策略主要针对营利性会议而言的,因为协会和社团会议往往不需要花费很多功夫来处理媒体事务,而媒体也往往对非营利性会议比较支持甚至配合。对于培训、销售等营利性会议来说,要使媒体认识到会议的"新闻价值"。在使用媒体策略时应注意以下问题：

①选择合适的媒体。会议具有很强的"事件性"，能吸引众多媒体的关注。要充分利用广播、电视、报纸、期刊等媒体开展广告宣传。媒体选择主要还是报纸和专业杂志投放，广播、电视、户外等其他媒体的利用率不高，还可以进一步挖掘。

②吸引媒体注意。了解和识别那些在会议活动中能够给整个社区带来正面影响的因素，并将这些信息成功传达给媒体。可以利用有相关文章的出版物，在公众中引起轰动；可以适时进行新闻发布，让报纸等媒体对会议进行跟踪报道或发表评论。

③与媒体建立密切而长久的个人关系。将信息尽可能准确地传递给那些对本次会议最感兴趣的部门或个人，对目标媒体分得越细，与媒体记者进行交流的可能性就越大。还可以寻找盟友，借助其与媒体进行更好的接触。

2）会议产品的定价

会议产品的定价是营销组合中最复杂的一个因素，需要考虑的因素较多。一个合理的定价不仅要考虑目标群体的接受程度、是否有利于销售推进、组织者的补偿成本和获取利润，还要充分考虑市场竞争的激烈程度。

在公司类会议中，会议预算是由公司制定的，主要包括与会人员的消费以及策划、宣传和举办会议时所发生的成本，这些费用一般由公司支付。有时也可依靠对特定项目的赞助费用。而对于协议类会议，收入主要来源于与会人员的会务费以及赞助商和组织展览等收入，会议在设计时就要考虑到收支平衡。盈利部分有时被作为启动资金，以供下次活动的最初宣传和策划工作使用。对于市场化操作的工商企业类会议来说，他们举办会议是完全自负盈亏的，通过销售会议产品来获得收入，对他们的生存尤为重要。因此，这两类会议组织者需要十分重视会议产品的定价问题。

（1）会议产品定价目标

会议产品定价过程中，首先要明确经营目标和预期收益，比如，确认此次会议是盈利，还是保证收支平衡，或者要最多参会人数。在此基础上制定定价策略，比如，如果取得最大收入，那么就制定出目标市场所能接收的最高价格。

会议产品定价考虑的因素：

①会议产品的成本。分析成本是制定合理定价的第一步。会议产品的成本主要包括固定成本和变动成本。

A．固定成本。场地设施费、演讲者酬金、旅费、市场费（包括宣传手册、邮寄广告、新闻稿、广告、记者招待会）、行政费、视听设备租用费（如家具、设备和灯光）、展览费、服务费、电话费、路标、鲜花和其他用来制造气氛的项目费用及运输费、保险费、审计费、贷款利息或透支等。

B．变动成本。因与会人数而浮动，包括餐饮、住宿、娱乐、会议装备（如文件夹、徽章等）、文件费。

②目标市场。定价过程中很重要的一点是分析目标群体的价格敏感度，也是分析会议产品价格对不同目标市场的弹性如何。一般来说，公司类与会者的平均消费相对比较高，对价格不是太敏感，而协会类会议的与会者一般是自愿参会的，对会议价格比较敏感。

③竞争态势。即市场竞争的激烈程度。如果供过于求，竞争激烈，则可能价格下调；

反之则有可能上调。根据上述因素,会议产品定价选择的方法有:成本法,即基于成本再加上一个定价比例来制定价格;竞争法,即根据市场价格来定价;供求法,即通过在需求水平低时降低价格,在需求水平高时提高价格来平衡供求。

(2)会议产品定价的具体方式

①与会者的会务费。

A.收费概况。会务费,有时也称注册费,它一般是与会者为参加会议所支付的各种项目的打包价格。最常见的收费项目主要有交通、住宿、餐饮、参加大会费用、参加分会或专门论坛费用、论文集、会刊、礼品费、会议管理费等。

收费常按食宿安排情况分两类:一类是参会人员食宿自理;另一类是食宿由会议统一安排,会务费中包含了招待会(宴会)、茶点、午餐等。按是否有单项收费也分两类:一类是与会人员缴纳了会务费就可以参加所有的大会、分会以及论坛;另一类是一些项目会单独分开收费。

B.差别定价。根据参会人员或团体的级别或参会人员人数的多少来制定不同的价格。

C.优惠项目。

a.时间优惠。如截至某个时间之前报名,可获得优惠等。

b.特殊群体优惠。一般给予理事单位、主讲专家、友谊协作单位、特邀新闻媒体部分免除或折让会务费。

c.团体优惠。如"会务费1 500元/人,团体会员单位会务费1 200元/人""集体报名,每组团超过10人免1人会务费。"

d.参展优惠。如"参加展览的单位免1人会务费"。

e.撤销注册政策。如果与会者因为特殊情况需要撤销注册,一般会按照撤销时间来决定是否返还部分注册费。如"取消注册的意向函原件必须寄至大会组委会秘书处;在11月10日之前若收到意向函件原件,80%的注册费可被退还,11月10日之后将不予受理退款"。

D.付款时间和方式。是否可以延期付款? 接受哪国货币? 付现金还是信用卡? 汇款细节(开户名称、开户银行、账号)等。

②冠名费和赞助费。

对于赞助商来说,赞助费可以看作他们所购买的"会议产品"的价格。因此,会议组织方应该根据会议的档次、与会者的层次、会议的新闻效应等"卖点",制定出合理的赞助"价格",为赞助商提供具有足够吸引力的汇报方案。

③广告费。

一般大会展示广告位、会场驻地门口充气拱门、会刊、门票等都刊登广告,以取得收入,另外还可以出售邀请参会代表和嘉宾的晚宴赞助权。

④出售衍生产品收入。

衍生产品包括各种大会出版物、纪念品等,还可以对整个会议过程进行录像、录音和采用文本格式翻译成各种语言,并存放在一张光盘上,卖给不能参加会议的人员,既可以扩大会议的受众,又可以给组织者带来一笔收入。

【实训项目4-3 媒体招商方案——步骤3】

2010 年夏季达沃斯论坛独家媒体报道招商方案(天津电视台)

一、2010 年天津夏季达沃斯论坛媒体报道

1. 唯一主播媒体

天津电视台作为 2010 年天津夏季达沃斯论坛的主播媒体,会议现场设立演播室,向全球提供全会和论坛的公传信号,享受媒体领袖待遇。

2. 全天候直播

9 月 13 日至 9 月 15 日,天津滨海频道将对达沃斯论坛进行全程报道,天津卫视也将在论坛举办期间推出特别节目,天津电视台将和凤凰卫视联合策划主播媒体论坛。

3. 整合全台优势资源

滨海频道全程直播、都市频道新闻栏目追踪报道、卫视频道直播论坛进程、天津卫视高清频道第一时间报道论坛进程。

4. 全媒体支持

将联动新浪等门户网站、21 世纪经济报道及《大公报》等权威平面媒体联合报道宣传达沃斯的转播。

二、合作方式

1. 独家冠名(冠名费 480 万元)

(1)达沃斯前期宣传(7 月起至 9 月 12 日)

①预热报道。

7 月至 9 月,滨海频道《财经视界》中开设专题板块"达沃斯来了"(暂定名)预热达沃斯,每月播出 5~10 条达沃斯相关报道;

小板块片头植入企业 Logo,并在专栏中播出结合企业 Logo 特制的角标;

专栏中播出 5 秒有声提示标版。

②宣传片植入。

滨海频道、都市频道、卫视频道滚动播出 30 秒的达沃斯宣传片,宣传片中植入冠名企业 Logo,有声提示标版"×××和您共同关注 2010 天津达沃斯论坛",累计不少于 500 次。

(2)全程直播期间(9 月 13 日至 9 月 15 日)

①滨海频道的后方演播室植入:背景板、桌牌、电脑背板等中植入企业 Logo。

②滨海频道及卫视频道直播期间。

直播报道每段前播出 5 秒片花"您正在收看的是×××达沃斯论坛特别报道"。

直播报道过程中出现带有冠名企业 Logo 的角标。

③品牌广告。

滨海频道直播前后播出 15 秒品牌广告,3 天累计不少于 15 次。

赠送刊例价值 360 万元的硬性广告资源,该广告须在 2010 年 12 月 31 日前使用完毕。

④量身策划。

共同策划体现企业形象的软性栏目合作一期(具体合作栏目根据客户情况而定)。

⑤新闻支持。

卫视频道《天津新闻》、都市频道《都市报道60分》、滨海频道《财经视界》栏目追踪报道论坛进程,在报道过程中以植入方式体现冠名客户相关内容。

2. 联合赞助播映(仅限3家)

(1)达沃斯前期宣传(7月起至9月12日)

宣传片植入:滨海频道、都市频道、卫视频道滚动播出30秒的达沃斯宣传片,宣传片中提示标版"达沃斯论坛特别报道由以下企业联合赞助播映",累计不少于500次。

(2)全程直播期间(9月13日至9月15日)

滨海频道及卫视频道直播期间:直播报道每段后播出5秒片花"达沃斯论坛特别报道由以下企业联合赞助播映×××"。

品牌广告:赠送刊例价值200万元的硬性广告资源,该广告须在2010年12月31日前使用完毕。

3. 服装赞助

前期预热:7月至9月,《财经视界》中的达沃斯专栏主持人服装由赞助方提供,胸前佩戴品牌Logo的别针,专栏前播出企业15秒品牌广告,片尾鸣谢字幕。

出镜记者:我台向外传输的达沃斯新闻中的出镜记者均统一着赞助企业服装,胸前佩戴品牌Logo的别针(背后文字或图案酌情)。

相关栏目支持:《先行一步》《时代智商》在达沃斯期间制作特别节目,主持人服装由赞助企业提供,胸前佩戴品牌Logo的别针,节目中出现"主持人服装由×××特别提供",累计不少于3期。

直播和特别节目:9月13日至9月15日滨海频道直播特别节目中插播企业15秒品牌广告6次/天以及片尾鸣谢字幕。

企业广告宣传:一年内允许企业以"'2010年夏季达沃斯论坛'媒体报道主持人服装唯一赞助商"的形式出现在其品牌的商业广告中。费用:50万元(服装另计)。

4. 达沃斯论坛主播媒体专用车、达沃斯论坛媒体专用水赞助

(1)主播媒体用车赞助回报

车体贴:"××提供天津夏季达沃斯报道专车"车贴。

新闻植入:在启动仪式中累计不少于3次车体曝光。

直播片花植入:在直播中穿插播出的片花中巧妙植入报道车队画面。

特别节目片尾鸣谢:"感谢××提供报道用车"。

"汽车时空"栏目中3分钟介绍达沃斯媒体用车车型、试驾等内容(共3期)。

允许企业1年内以"'2010年夏季达沃斯论坛'媒体报道指定用车"的形式出现在其品牌的商业广告中。

费用:20万元(另提供报道用车8辆)。

(2)媒体用水赞助回报

"先行一步"达沃斯特别节目中嘉宾旁摆放××品牌饮用水,并有不少于3次/期的特写镜头,不少于3期。

在滨海频道达沃斯论坛直播的嘉宾访谈环节中(前方演播室除外)摆放该饮用水,出现不少于3次/期,不少于3期。

特别节目片尾鸣谢:"感谢××提供报道用水"。

1年内允许企业以"'2010年夏季达沃斯论坛'媒体报道指定用水"的形式出现在其品牌的商业广告中。

费用：20万元(另提供价值5万元瓶装水)。

5. 外景直播场地提供(费用20万元)

形式：达沃斯论坛期间演播室外景地设置在该赞助客户的场地之内。

新闻植入：在启动仪式中主持人口播不少于3次,场地曝光不少于3次。

直播片花植入：在直播中穿插播出的片花中巧妙植入报道场地的画面。

直播片尾鸣谢："感谢××提供外景报道场地"。

《聚焦房地产》或《时尚》等栏目中播出3分钟左右的宣传片介绍该地产项目或卖场。

1年内允许企业以"'2010年夏季达沃斯论坛'媒体外景报道场地提供"的形式出现在该项目的商业广告中。

6. 达沃斯论坛恭贺广告(仅限12家,费用25万元)

(1)广告长度

5秒。

(2)广告形式

多家企业联合恭贺。

(3)广告内容

结合企业Logo,为每家企业特制达沃斯恭贺5秒广告1条。

(4)播出周期

8月16日至9月15日。

(5)播出频次

天津卫视、卫视高清频道、天津一套等其他地面频道累计播出不少于360次,黄金、非黄金时间各占50%。

(6)LED大屏幕

梅江新台址320平方米LED大屏幕南北各1块,每天2块同时滚动播出同贺单位广告,共计15天。

在中国发行时间最长的中文报纸《大公报》上刊登含企业名称的恭贺广告一次。

7. 倒计时挂角角标

赞助形式：企业Logo或产品与倒计时天数交替翻转的形式在屏幕右上角停留。

回报周期：8月13日至9月12日,总计30天。

播放平台及频次：滨海频道17:00至24:00。

滨海频道直播期间播出15秒品牌广告,3天累计不少于9次(具体段位由电视台安排)。

……

【实训追问】

1. 请根据以上材料分析2010年天津夏季达沃斯论坛媒体营销对该会议的宣传推广起到的作用。

2. 继续探讨该电视媒体还可以通过哪些途径来加大招商引资,进一步加大对该会议论坛的宣传,并以小组为单位进行汇报。

活动3　会议营销的组织过程

1)会议的前期准备

①加强会议营销工作人员培训工作:重点围绕企业文化、产品知识、人际礼仪、拜访技巧、心理素质、电话营销、会议营销操作策略等方面进行培训。

②消费者的前期沟通:工作人员在对消费者(会员)家庭资料库进行分析、整理的基础上,在掌握其个人资料、对产品看法、对活动看法及参与情况等后,利用合适的时机,与消费者进行深度沟通,增进感情,对成熟的消费者发放请柬,邀请消费者及其家庭成员参加会议。

③精选2~3名忠诚消费者参加会议,并请其发言或表演节目。

④消费者组织开发程序:整理分析消费者档案,选择条件成熟的消费者;对消费者进行电话预约;上门拜访,送会议请柬,根据情况,进行二次复访,三次复访等;对发放请柬的消费者进行确认。

⑤严格控制会议规模,根据会议服务人员情况,确定参会消费者人数,服务人员与消费者比例按照1:5来确定消费者人数。如果消费者人数过多,则可能会出现失控,人数过少,就会出现人员浪费。

⑥会场的布置:悬挂条幅,活动主题条幅1条。功效条幅不少于4条,悬挂要对称,给人一种整齐的感觉。摆放展板,如产品介绍展板、企业形象展板、张贴海报等。

⑦会议相关物品的准备。

⑧会议前的碰头会:落实会议的准备情况、强调会议的注意事项、预测活动可能出现的问题,并设想解决办法。

2)会议前登记

详细进行登记,对每一个与会者都要进行相关资料的登记。

3)会议议程简介

由主持人宣布会议的议程,并隆重推出相关嘉宾,宣布会议的开幕。

4)会议的现场控制

做好会议现场的相关服务、安全工作、及时解决出现的突发事件、做好发言时间的控制等。

5)宣布会议结束

由会议主持人宣布会议结束,感谢各位与会人员,并做好会议结束后的送行服务等。

6)会议的后续工作

主要是回访工作,通过回访掌握与会者对参会的感受,挖掘潜在的消费者。

【实训项目4-4　冬季达沃斯经济论坛组织与营销——步骤4】

1.冬季达沃斯经济论坛具有规格高、参与人员身份地位高、影响力强等特点,请谈谈冬季达沃斯经济论坛的组织者应从哪些方面确保会议的各项工作顺利开展？

2.冬季达沃斯经济论坛营销成功的因素有哪些？

3.冬季达沃斯经济论坛的成功对我国会议市场的发展有哪些启示？

【实训项目总结评分——学生互评与教师点评】

表4-3　项目总结评分表

大类指标	指标分解	指标分值/分	学生互评/分（权重30%）	教师评分/分（权重70%）	总分/分
项目控制系统设计	系统合理性	15			
	结构逻辑性	10			
进度控制甘特图	图例准确	15			
	图例美观	10			
质量控制计划	计划合理	15			
	有逻辑性	10			
质量检查表	指标合理	15			
	完整、准确	10			

项目 5
奖励旅游营销

【案例导入】

借助文旅融合大趋势推动会奖旅游产业高质量发展

第十四届北京国际商务及会奖旅游展览会(IBTM China)于 2019 年 8 月 28 日、29 日在北京国家会议中心举行。近 350 家海内外展商和 335 位特邀买家将在为期两天的展会中完成 8 000 多场商务洽谈,展会当天更是吸引了近 4 000 位专业观众到场参观。

14 年来,北京市文化和旅游局一直参与 IBTM China 工作,见证其成为亚洲地区规模最大、水平最高、品牌影响力最强的国际性专业展览会之一,也成为国际旅游同人认识北京的一扇重要窗口。

在开幕式上,北京市文化和旅游局局长宋宇指出:"北京市委市政府高度重视商务会奖旅游业的发展,始终将改善会展设施,培育产业集群,改善营商环境,扩大会议会展对外开放作为一项重要工作持续推进。《经济学人智库》统计,在星级会议商务旅行城市排名中,北京凭借'不断完善的基础设施建设'成功入选。"

北京市文化和旅游局副局长曹鹏程在会上介绍了北京会奖旅游业的发展呈现的主要特点,并提出了推动北京会奖旅游业发展的基本思路:借助文化和旅游融合的大趋势,坚持推动会奖旅游产业高质量发展,提升会奖旅游经济发展水平。具体来讲,北京将从以下几方面为国际会奖旅游企业提供优质服务:

一是促进文旅融合,打造独特性产品。北京是六朝古都,具有深厚的文化底蕴,北京积极探索把文化内涵和文化体验融入会奖旅游,发挥会奖经济的带动效应和新品发现功能,挖掘文化内涵和可开发资源,打造有趣、生动、结合京味文化的独特性产品。

二是整合优势资源,培育细分市场。充分发挥旅游业的拉动力、融合能力,整合北京相关优势资源,培育新业态,促进"会奖+中医养生""会奖+特色节庆""会奖+冬奥""会奖+文化演出"等整合发展,研发具有不同形式、针对不同群体的产品,推动丰富的会奖旅游产业链条与相关产业深度融合发展。

三是加强顶层设计,促进会展业健康发展。深入落实《关于进一步激发文化和旅游消费潜力的意见》《国务院办公厅关于进一步促进旅游投资和消费的若干意见》《关于进一步促进展览业创新发展的实施意见》等政策文件,促进旅游业高质量发展,加强会展业发展战略、规划、标准等制订和实施,促进国际会议、奖励旅游活动、国际商贸及文化交流活动等在京举行。优化会展设施空间布局,推动新国展二期、三期开工建设,协调推动大兴国际机场会展中心建设项目尽快落地。制定行业引导政策,加强品牌化、国际化建设,培育会展旗舰企业和首都品牌。

"未来已经临近,只是尚未流行",过去 10 年是会奖旅游业发展的黄金期,未来 10 年是会奖旅游业转型升级的机遇期。

会都模式初见规模

北京已形成了交通、餐饮、酒店等完善的基础设施,还有丰厚的历史文化底蕴和优越的自然旅游资源,北京会都以旅游市场导向、城市商务导向、特色资源支撑为动力,既服务保障北京世园会、中非合作论坛北京峰会、"一带一路"国际合作高峰论坛等主场外交活动,也为京交会等大型的国际展览会议、入境研学旅行团组、专业考察团组等提供完善的服务支撑。

产业规模持续扩大

按照国际大会与会议协会(ICCA)发布的数据,2018年北京接待国际会议的数量为94个,同比增长13.8%,位居亚太城市第七位,中国第一。

北京国际会议行业分布广泛,主要以卫生和社会工作类会议、科学研究和技术服务业类会议、信息传输软件和信息技术服务业类会议为主,分别举办了17场、11场、6场。从会期来看,在北京举办的国际会议多集中在3天、4天、5天,分别有30场、25场、17场,总共占据了北京国际会议总数的76.6%。从举办的场地方面来看,有将近36%的会议选择在会议会展中心举行,有22%的会议在会议酒店举行。

专业化、现代化、高端化发展

北京会奖旅游产业链的各主要环节的市场主体健全,产品供给体系丰富完善,会议基础设施和发展环境进一步优化。北京共有五星级酒店61家,四星级酒店114家,星级酒店客房数9.8万间。北京雁栖湖是国际高端会议举办地的最佳地点之一。会议服务新技术新模式得到进一步开发和应用。首都国际机场成为全国首个年旅客吞吐量过亿人次的机场。北京大兴国际机场已竣工验收,将于9月30日投入正式运营。环球主题公园及周边商务配套项目建设在稳步推进。

（资料来源:北京日报,2019-08-30.）

【实训项目5-1　认知奖励旅游——步骤1】

1.高端旅游与传统旅游的区别主要在哪里?

2.奖励旅游为什么被认为是高端旅游的一种形式?

3.请搜集我国知名企业员工奖励方面的措施和做法,奖励旅游是一种常见的奖励方式吗?就你来看,奖励旅游目前在中国发展的情况怎么样?为什么?

任务 1　识别奖励旅游客户采购行为

活动1　界定奖励旅游

奖励旅游的历史可以追溯到20世纪二三十年代的美国,如今已有50%的美国公司采用该方法来奖励员工。在英国商业组织给员工的资金中,有2/5是以奖励旅游的方式支付给员工的。在法国和德国,一半以上资金是通过奖励旅游支付给员工的。一般奖励旅游包含了会议、旅游、颁奖典礼、主题晚宴或晚会等部分,企业的首脑人物会出面作陪,和受奖者共商公司发展大计,这对于参加者来说无疑是一种殊荣。其活动安排也由有关旅游企业特别安排,融入企业文化的主题晚会具有增强员工荣誉感,加强企业团队建设的作用。更重要的是,常年连续进行的奖励旅游会使员工产生强烈的期待感,对于刺激业绩成长能够形成良性循环。

1)奖励旅游的概念

奖励旅游的英文名称为"Incentive Travel"。关于奖励旅游的概念界定主要有以下

几种:

Milton T. Astroff 与 James R. Abbey:奖励旅游是一种旅游奖励,一般是一次全包豪华旅游,作为激励,提供给工作特别努力和达到项目赞助者规定标准的员工和客户。

国际奖励旅游协会的定义:奖励旅游是一种现代的管理工具,其目的在于协助企业达到特定的企业目标,并对目标的参与人员给予一个非比寻常的假期,以作为奖励,同时也是大公司安排的以旅游为一种诱因,以开发市场为最终目的的客户邀请团。其种类包括:商务会议旅游、海外教育训练、奖励对公司运营及业绩增长有功人员等。需要指出的是,奖励旅游并非一般的员工旅游,而是企业业主提供一定的经费,委托专业旅游业者精心设计的"非比寻常"的旅游活动。用旅游这一形式作为对员工的奖励,会进一步调动员工的积极性,增强企业的凝聚力。

《中国旅游百科全书》:奖励旅游是一些组织单位为调动员工的积极性,增强凝聚力而举办的免费旅游。

由上述定义,可以推导出奖励旅游包含的几个内在因素:

①参加奖励旅游的对象应包含企业员工、企业产品经销商、企业品牌的忠实消费者,他们构成了参与的主体。

②奖励旅游作为一种现代的管理工具,在一定程度上而言,它是企业管理多样性的一种体现,但就其本质可视为对企业自身而非员工、客户的一种奖励,它的真正目的是树立企业形象、宣扬企业的理念,并求最终能达到提高企业的业绩,促进企业未来发展的目的,所以企业是奖励旅游活动开展的决策者,它有权决定是否开展奖励旅游。

③提供奖励旅游服务的专业机构,如旅行社、旅游公司等,它们是具体奖励旅游活动的组织、安排和实施者。

2)奖励旅游的特点

(1)受众特殊

与普通员工旅游完全不同,奖励旅游是针对已达成,甚至超越公司预定业绩目标之特定对象,如员工、经销商、代理商等,所给予的犒赏之旅。更确切地讲,奖励旅游的对象是针对企业的有功人员,他们都是从企业团体中千挑万选出来的,必须通过特定的审核尚可获得此资格。

(2)高消费、高档次、高要求

开展奖励旅游的企业绝不允许旅游企业将奖励旅游者当作普通旅游者来接待。有实力的企业为更好地激励其参与对象,开展奖励旅游常常是"不惜血本"。如"广之旅"的豪华奖励旅游团,据有关统计,一个豪华奖励旅游团的消费通常是一个普通旅游团的 5 倍,他们不但在交通工具、住宿、餐饮等方面体现出了高档次的特征,如豪华饭店、大型晚宴、特殊的旅游线路等,而且在旅游活动内容、组织安排以及接待服务上要求尽善尽美。同时,奖励旅游原本就不同于一般意义上的观光和商务旅游,它通常需要提供奖励旅游服务的专业公司来为企业"量身定做",使奖励旅游活动中的计划与内容尽可能地与企业的经营理念和管理目标相融合,并随着奖励旅游的开展逐渐体现出来。因此,这无论是对奖励旅游产品的本身,还是对设计这些旅游产品的专业公司都提出了较高的要求。

(3)利润高,季节性不强

中国旅游有关资料显示,一个大型豪华奖励旅游团的利润通常是一个普通旅游团利润的 5~8 倍。一些著名旅行社凭借其在奖励旅游市场上的雄厚实力,赢得了良好的经济效益,培育了新的经济增长点。同时,一些奖励旅游团在季节上一般都错开了旅游的旺季月份,而这无疑又填补了这些旅游公司、旅行社的淡季业务空白。

(4)行程安排的独特性

奖励旅游行程活动安排要求特殊。奖励旅游有别于其他的公费旅游形式。奖励旅游在目的上更加复杂;在内容上更为丰富、独特;在形式上更为多种多样;在对象的选择方面更具有公正性,对企业的每一个职员都有积极的正面激励效果。活动不仅仅是安排特殊旅游线路、旅游活动就能满足的,此外一般还包含企业会议、培训、颁奖典礼、主题晚会或晚宴、舞会及个性化奖品赠送等内容,这些特殊的行程安排能同时让有资格参加者感受到备受尊崇,并在活动退出后留下毕生难忘的记忆。

(5)创造性

奖励旅游是一种创造性的旅游活动,它必须创造与众不同的体验才能给奖励旅游者留下难忘的经历。奖励旅游并非简单地提高接待标准的豪华旅游,而是融入了企业管理目标的具有创意的旅游形式。奖励旅游必须为整个活动设计一个具有一定创意的主题,通过各种主题活动的巧妙策划和精心安排,并在这一主题下,把各个旅游要素有机地组合在一起,从而满足奖励旅游者的需求和实现企业的奖励目的。

(6)文化性

奖励旅游要求为企业提供"量身定做"的专业化产品,将企业文化与理念尽可能地融合到奖励旅游活动的计划与内容中,并随着奖励旅游的开展,逐渐体现出来。奖励旅游互动的安排是与公司的企业文化相适应的,奖励旅游充满着富有浓厚人情味和深寓文化气息的活动项目,具有鲜明的企业文化特征。

(7)团队整体素质高,约束力强

参加奖励旅游的旅游者不同于一般的旅游者,他们是企业中创造业绩的人、对企业有贡献的人(包括企业品牌的重要消费者),并通过特定的资格审核,整体素质比较高。他们对企业目标、行业规范以及价值观念的认同感强,从而自觉遵守组织中共同的价值观和行为准则,受到领导和群众的认同和赞扬,在心理上会有备受尊崇的满足感。他们在参与奖励旅游的整个过程中,时时处处都表现出行动的一致性,随意性小。

3)奖励旅游的目的

(1)有利于创建团队精神

企业(单位)中的员工平常有各自的岗位,上班时间各干各的工作,下班后各有各的家务或业余生活,很少有在一起谈心与交流的机会。企业(单位)组织奖励旅游的目的之一就是为员工提供在一起交流的机会和场所,让员工在旅游活动中住在一起、吃在一起、玩在一起,有困难大家帮、有欢乐大家享,增进彼此了解,加深相互间的友谊,从而增强企业(单位)凝聚力,促进团队精神的培育。

(2)有利于增强管理者和企业的亲和力

在日常工作中,员工与管理者的接触比员工之间的接触更少。奖励旅游给员工和管理者创造了一个比较特殊的接触机会,大家可以在旅游这种较为随意、放松的情境中做一种朋友式的交流,让员工在交流中感受管理者的情谊、管理者的心愿、管理者的期盼,从而增强管理者和企业的亲和力。

(3)有利于延长奖励的时效性

奖励方式多种多样,既有物质奖励,也有精神奖励。发奖金、送奖品是一种最为普遍的奖励形式,但对受奖者来说,激励的时效较为短暂。一些研究管理问题的心理学家在经过大量调查和分析后发现,把旅游作为奖品来奖励员工、客户时,其所产生的积极作用远比金钱和物质奖品的作用要强得多、好得多。原因是在旅游活动过程中营造的"荣誉感、成就感"氛围,使受奖者的记忆更持久,旅游活动过程中受奖者之间、受奖者与管理者之间通过交流增强的亲切感,能够激励员工更好地为企业服务。因此,这种奖励方式越来越受到企业、员工的重视与欢迎。

(4)有利于旅游产品的多元化发展

随着社会经济的快速发展,人们对旅游的要求也日益提升,传统的旅游产品已满足不了人们的需求,这就要求旅游业界积极拓展旅游产品,改善旅游产品结构,逐渐由单一的观光旅游向多元化发展。奖励旅游在诸多旅游产品中,效益高、前景好,已成为国际旅游市场的热点项目。推进我国旅游市场中奖励旅游产品的开发,有利于我国旅游产品结构的调整,有利于旅游产品的升级换代和多元化发展。

【实训项目 5-2　成立奖励旅游营销团队——步骤 2】

表 5-1　学生分组表

小组名称	学生名单及人数
市场调研组	
公共关系组	
活动策划组	
广告宣传组	
后勤组	
⋮	

表 5-2　甘特图举例

	工作内容	人　员	完成时间控制
市场调研	市场分析		
	问卷调查		
	竞争分析		
	撰写报告		

续表

	工作内容	人　员	完成时间控制
活动策划/ 广告宣传/ 公共关系	项目营销预案		
	客户沟通		
	活动计划		
	活动选址		
	活动项目策划		
	活动广告宣传		
	新闻发布会		
	⋮		
后　勤	现场管理及维护		
	媒体协调		
	⋮		

注:各小组学生可根据以上内容设计编制与自己工作小组相关的工作计划表。

活动2　识别奖励旅游客户采购行为分析

1)奖励旅游参与主体

(1)奖励旅游者

奖励对象涵盖范围非常广泛,包括企业员工、代理商和经销商、商业伙伴,以及受奖员工的配偶或子女,还有企业品牌忠诚顾客等,是奖励旅游产品的最终消费者和享用者,从奖励旅游活动中获得"非比寻常"的旅游体验。对不同的对象,达到的目标效果也不同。对内部员工的奖励,能够提升工作业绩,加强团队合作,增进上下级感情,强化企业文化;对经销商和代理商的奖励,能够提高市场占有率,建立经销商的忠诚度;对商业伙伴的奖励,能够增强私人联系,化解利益冲突;对员工配偶和子女以及忠诚顾客的奖励,能够提高企业声誉,树立良好的企业形象,吸引新顾客,留住老顾客。

(2)奖励旅游购买者

企业是奖励旅游产品的购买者和付费者,借助"量身定做"的奖励旅游活动达到企业特定的目标,它对奖励旅游拥有至高决策权。企业有权决定是否举办奖励旅游,有权决定奖励旅游的费用、时间和地点,有权决定奖励旅游活动的参加者,有权决定是否委托和委托哪家奖励旅游公司,等等。因此,企业在奖励旅游中处于主导地位。

(3)奖励旅游组织者

企业内部执行部门、奖励旅游顾问公司、旅行社等,是奖励旅游产品的策划者和实施者,具体负责奖励旅游产品开发,把旅游服务供应商的各个产品要素组合起来,并根据企业客户的具体需求,为他们量身定做适宜的奖励旅游产品。它在企业既定的奖励旅游预算范围内,选择合适的交通工具,设计合适的行程路线,确定恰当的住宿和餐饮标准,以及安排特殊的活动项目。但是,组织者并非完全被动,它可以主动与购买者沟通和协商,提出科学合理的奖励旅游方案,甚至可以参与到旅游预算的制定中。

（4）服务供应者

服务供应者包括一切为奖励旅游的顺畅执行提供直接或间接支持的社会部门,主要集中在旅游目的地。如目的地供应商、场所供应商、餐饮店、酒店、旅游景点、会议地点、交通供应商、特殊活动举办地、车辆租赁公司。

奖励旅游各参与主体的关系网（图5-1）。

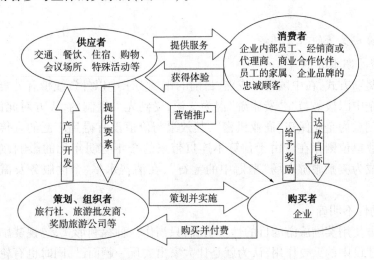

图5-1 奖励旅游参与主体

2）客户采购特征

（1）每年举办次数少,奖励规模大

奖励旅游一般是集体性活动。从策划上来说,从奖励项目提出开始,企业就制定一定标准,向全体员工（或特定群体）广泛发动和宣传,从而营造热烈的竞争氛围。从组织上来说,企业每年举办奖励旅游的次数仅为一两次,而每个奖励旅游团的组织少则百人,多则千人。

（2）采购需专业化运作

奖励旅游涉及的因素多、参与者多、策划的时间长,要确保奖励旅游效果显著,需要专业的奖励旅游公司操作。企业往往抽出专业人员来负责,制订奖励旅游计划,与供应商保持联系,评价活动的效果等。

（3）采购时间避开旺季

因为奖励旅游对服务质量和顾客要求很高,所以在实践选择上尽量错开旅游旺季和传统的旅游时间,以避免和传统游客争夺住宿、车船等服务设施,同时回避因传统旅游人多嘈杂造成混乱局面。

（4）采购旅游线路特殊

奖励旅游目的地接待方提供的旅游线路往往是市场推出的一些特殊路线,还没有大量接待传统游客的新开辟线路,或是为了特殊游客开放的特殊游览项目和活动,体现在线路设计的创新和非一般的档次。

（5）采购档次等级高

奖励旅游是代表企业的形象，因此在质量和费用方面的要求远远高于传统旅游。表现在成团规模大、等级档次高、服务要求细。

（6）严格挑选旅游目的地

奖励旅游对目的地选择要求很高，目的地的选择是奖励旅游考虑的重要因素之一。与会议、展览目的有所不同，奖励旅游不仅要具有方便的交通条件和高档次的旅游接待设施，还要具有上乘的服务水准和优美的自然环境，尤其是必须拥有特色鲜明的旅游资源或旅游吸引物。

3）奖励旅游买方特征与问题

（1）消费习惯不成熟

旅游的奖励方式，在中国还不成熟，目前的市场需求中以外资或带有外资背景的企业为主。在国企中因极易与"公费旅游"混为一谈，受到先天性制约，买方对此保持低调，就是旅行社也刻意为企业保守"商业机密"，其效果与价值没有得到广泛的宣传。而多数民营企业和事业单位则存在着由于预算不连贯带来的今年有明年无的影响，难以制度化。现阶段外企成为奖励旅游市场"皇冠中的宝石"，在消费水平、个性服务及需求规模上都独树一帜。

（2）目的性不明确

多数买方使用奖励旅游的目的性不明确，只当作一种福利形式，忽视奖励旅游在企业文化与团队建设中的重要作用，认为就是让大家出去玩一趟而已，同时也有轮着来或全体参与的倾向。旅游之后的奖励效果没有衡量和反馈，即使外企也很少进行详细的跟踪与调查，项目执行具有盲目性。

（3）旅行过程中的过度介入

奖励旅游的一个重要特点是"事件旅游"，需要特殊的策划与包装，与面向团体购买者和个体消费者不同的是买方的参与性强，个性化要求多。旅游中间商希望在策划环节多听买方的意见，但在实际执行中，买方过于强势的地位导致了其在签证办理、旅游风险防范、目的地接待设施选择、行程管理等本是旅行社强项领域的过度参与，影响了双方合作效率。同时，在终端消费者提出不合理要求时，如上千人的团同时到国外海岛度假的要求会因目的地接待设施不足、航空运力无法满足等而受阻，但买方在不了解旅游业运作特征的情况下，常常一味地要求旅行社，平等沟通意识不够，影响了双方的合作基础。

【实训项目5-3 奖励旅游客户构成探讨——步骤3】

要安排好奖励旅游，首先要了解奖励旅游名单，与××保险公司（奖励旅游客户所在单位）确定名单。同时，对保险从业人员奖励旅游购买特点进行了解。

【实训追问】

从各种渠道搜集资料，填写表5-3。

表 5-3 客户档案

客户组成	地域构成	主要特点

任务 2 制定奖励旅游营销策略

活动 1 细分奖励旅游市场

1）按目的细分奖励旅游市场

（1）慰劳型

该细分市场目的主要是慰劳和感谢对公司业绩有功的人员,缓解其紧张的工作压力,旅游活动安排以高档次的休闲娱乐等消遣活动项目为主。

（2）团队建设型

该细分市场目的是促进企业员工之间,企业与供应商、经销商、客户等的感情交流,增强团队氛围和协作能力,提高员工和相关利益人员对企业的认同度和忠诚度,旅游过程中注重安排参与性强的集体活动项目。

（3）商务型

该细分市场目的与实现企业特定的业务或管理目标紧密联系,如推介新产品、增加产品销售量、支持经销商促销、改善服务质量、增强士气、提高员工工作效率等,市场需要安排的旅游活动几乎与企业业务融为一体,公司会议、展销会、业务考察等项目在旅游构成中占主导地位。

（4）培训型

该细分市场目的是对员工、经销商、客户等进行培训,最常见的为销售培训。旅游活动与培训的结合,达到"寓教于乐",可以更好地实现培训的功效。

2）按活动模式细分奖励旅游市场

（1）传统型

该细分市场希望通过一整套程序化和有组织的活动项目,如在旅游中安排颁奖典礼、主题晚宴或晚会,赠送赋予象征意义的礼物,企业管理者出面,请名人参与奖励旅游团等活动,体现奖励旅游参加者的身价。

（2）参与型

该市场要求在他们的旅游日程中加入一些参与性活动,如参加当地的传统节日、民族文化活动和品尝风味餐,安排参与性强和富于竞争性、趣味性的体育、娱乐项目,甚至要求加入一些冒险性活动,通过与社会和自然界的接触,感受人与社会、人与自然的和谐。

3)按企业性质和行业细分奖励旅游市场

①按企业性质划分市场,可分为外资企业市场、民营企业市场和国有企业市场。据旅行社的统计,我国奖励旅游团队主要来自外资企业,占总数的60%以上,民营企业和股份制企业大约占到35%,而国有企业仅占5%。

②按行业性质来划分市场,从国内市场来看,以IT为代表的高新技术企业位居奖励旅游十大使用者首位,学校与科研院所位居第二,其余依次为电信/通信、房地产/建筑、医疗/医药、家用电器、汽车、街道办事处、金融和食品。而在奖励旅游发达国家,保险业和汽车业则一直雄踞榜首。

4)按出游方式细分奖励旅游市场

按出游方式分为团队奖励旅游市场、家庭奖励旅游市场和个人奖励旅游市场。他们在行程安排、项目选择和消费等方面会呈现出层次性差异。

5)按地区细分奖励旅游市场

主要细分为两大类:国际奖励旅游市场和国内奖励旅游市场。国际奖励旅游市场主要集中于北美、欧洲和亚太地区。国内奖励旅游市场主要集中在经济发达地区,特别是外资企业、民营企业密集的长江三角洲地区、珠江三角洲地区和环渤海地区,西部地区和中部地区奖励旅游市场发展则要缓慢得多。

活动2 确定奖励旅游营销渠道和手段

1)奖励旅游营销渠道

奖励旅游营销渠道是指奖励旅游产品在其使用权转移过程中从生产领域进入消费领域的途径,也就是奖励旅游产品从旅游生产企业向购买者转移过程中所经过的各个环节连接起来而形成的通道。渠道的起点是旅游生产企业,终点是奖励旅游购买者,中间环节是代理商等。

奖励旅游市场与其他市场不同的是,在绝大多数情况下,奖励旅游的购买者和消费者是分离的,即奖励旅游的购买者主要是企业,而消费者却是企业的员工、经销商以及特定的客户。因此,营销渠道的购买者是终点,也是奖励旅游市场促销的关键。

2)营销渠道的功能

奖励旅游产品营销渠道有两大功能:第一是能够拓展远离旅游产品生产者和传递地点以外的销售点的数量;第二是能在奖励旅游产品生产之前实现购买。具体来说,具有以下的功能:

(1)信息功能

一方面,发放宣传资料等信息以供顾客选择;另一方面,搜集市场的情报信息,寻找预期购买者,提供建议和购买帮助等。

(2)促销功能

协助旅游产品供应企业开展促销活动,根据购买者的需求适当改变产品组合,促进奖励旅游产品的销售。

（3）提供销售点

为购买者的购买和提前预订做准备。

（4）风险承担功能

承担开展营销活动中的有关风险。

3）奖励旅游渠道类型

根据奖励旅游产品在流通过程中是否通过中间商,可将渠道分为直接渠道和间接渠道。

（1）直接渠道

直接渠道是旅游生产企业在市场营销活动中不通过任何一个中间商,而直接把旅游产品销售给客户的分销渠道。如奖励旅游企业直接向航空公司、酒店购买旅游产品。奖励旅游企业购买者可以通过各种直接预订方式购买,如电话预订和互联网预订,也可以直接到旅游生产企业现场购买,也可以通过旅游生产企业的自设零售系统购买。

（2）间接渠道

间接渠道是指旅游生产企业通过中间商把奖励旅游产品销售给购买者的渠道。奖励旅游发展到一定时期,市场出现了一批专业的中间商。

专业奖励旅游代理:全方位服务奖励公司、完成型奖励旅游公司和奖励旅游部。这些公司负责奖励旅游的各种细节问题,他们与航空公司和饭店商议,然后协调交通、住宿、饮食、游览、娱乐和会议等活动,还准备促销宣传品,甚至可以参与制订奖励旅游的目标等内容。

①全方位服务奖励公司。这类专业公司在奖励旅游活动的各个阶段向客户提供全方位的服务和帮助,从项目策划到具体实施,从绩效标准的制定、公司内部的沟通到鼓舞士气的销售动员会,直至整个奖励旅游活动的组织和指导。这类公司的报酬是按专业服务费支出再加上交通、旅馆等旅游服务销售的通常佣金来收取的。

②完成型奖励旅游公司。这类公司通常规模要小些,它们主要是"完成"公司客户自己设计好的奖励旅游项目,业务专门集中于整个奖励旅游活动的旅游部分的安排和销售上,而不提供需要付费的策划服务。它们的收益就来自通常的旅游佣金。

③设有奖励旅游部的旅行社。目前,许多旅行社都设有经营奖励旅游的专门业务部门。大多数旅行社的奖励旅游部主要负责旅游计划的实施,但有些也能为客户提供奖励旅游活动策划部分的专业性服务。

④设有奖励旅游部的航空公司。由于越来越多的企业将旅游作为一种激励工具,因而许多航空公司也把奖励旅游作为一项重要业务来抓,并设立专门的奖励旅游部门。

4）促销手段

（1）展览会

现代展览会作为高度开放的窗口、密集流畅的信息沟通渠道、高效灵活的交易中心越来越受到人们的重视。如欧洲会议奖励旅游展、芝加哥会议奖励旅游展、奖励旅游经理人协会等。

（2）联手政府

奖励旅游的级别往往比较高,政府的支持将大大加重奖励旅游招徕的砝码。如北京市旅游局在 2001 年经香港旅游协会协助组织,美国、加拿大、英国、新西兰等国家的 26 家有实力的旅行社总裁、副总裁,应北京市旅游局的邀请,在北京进行了为期 3 天的考察,这些旅行社长年致力于经营奖励旅游市场,掌握大量企业奖励旅游的客户资源,对北京开拓国际奖励旅游市场具有十分重要的意义。

活动 3 制定奖励旅游营销策略

1) 奖励旅游产品策略

(1) 提供高水准的奖励旅游产品

高水准的奖励旅游产品是开发奖励旅游市场的前提,因此产品的设计一定要根据奖励旅游客户的企业文化和企业目标进行量身定做,应时刻体现高端性和创造性,尽可能使参与者感受到奖励旅游不是旅行社或旅游公司的行为,而是企业的一种荣誉至上的集体活动。同时,必须关注和完善奖励旅游服务流程的每一个细节,争取把一个“完美的经历”奉献给奖励旅游者。其间可以让主办方一起讨论产品的策划、奖励旅游主题的表现方式、住宿餐饮设施等方面。

(2) 提升奖励旅游企业实力,打造强势品牌

奖励旅游产品不仅要有“独”“特”意识,而且应该“唯我独优”“唯我独有”,融高端性、独特性、创造性、文化性、趣味性与纪念性于一体。应该在行业资源优化整合的基础上,成立一批专门经营奖励旅游业务的专业奖励旅游公司,并打造出具有国际知名度的企业品牌。奖励旅游企业还要具有与客户建立长期合作关系的能力,从而打造企业独特的品牌优势。

品牌的影响意义深远,越来越多的数据表明,强势品牌的产品市场份额远远高于其他品牌。没有品牌就没有竞争力,没有品牌就没有市场。一个企业是否拥有强势品牌决定了该企业在奖励旅游市场的地位。奖励旅游本质上是一项经济性很强的文化事业,作为经营“文化”经济的旅游企业,自身要注重文化内涵的建设,才能创建出名牌奖励旅游产品和名牌奖励旅游企业。

2) 奖励旅游产品的促销策略

奖励旅游产品的促销策略由广告、公共关系、人员销售、销售推广以及邀请实地考察等促销工具组合而成。由于奖励旅游产品的购买对象不是参团的旅游者,而是组织奖励旅游的企业,这与通常的休闲旅游产品销售对象是个人明显不同,因此奖励旅游产品促销策略中的邀请实地考察、广告与个人销售三种促销工具的应用方式与它们在传统的休闲旅游产品的促销运用中有所区别。

(1) 邀请实地考察

有关奖励旅游产品的决策可能会涉及数百万的高额支出,因此购买者很少仅仅通过看宣传手册、录像资料和广告宣传就做出购买决定。实践证明,邀请奖励旅游的购买决策者前往旅游目的地亲身体验旅游产品的方式能有效推动购买者做出最后决定。同时,在考察行程中,奖励旅游企业可以与主办方一起就产品策划、奖励旅游主题的表现形式、住宿餐饮设施等进行细致的考察与磋商。实地考察在奖励旅游的促销中是至关重要的,而这一工具在传统休闲产品促销中则较少使用。

（2）广告

常规休闲旅游产品的广告主要刊登在各地主流报刊的旅游专栏,但由于奖励旅游的促销对象是企业,更易被企业决策者接触到的是各种行业期刊,因此,选择行业期刊刊登广告是奖励旅游的一个重要的促销武器。行业期刊包括奖励旅游行业的期刊和主要奖励旅游客户所在的行业的主流期刊。

（3）人员销售

人员销售是指企业的推销人员直接帮助或劝说消费者或买方购买旅游产品的过程。它以买者和卖者的直接接触为特点,推销的针对性强,与奖励旅游以一对一营销观念为指导,定制化为手段的营销原则具有很强的内在切合性。个人销售在奖励旅游促销过程中所起的作用比平常的休闲旅游产品营销更为重要,电话销售和面对面的洽谈往往起着决定性的作用。

（4）销售推广

积极参加国际上的一些大型专业旅游展,提升知名度,扩大影响力。参加国际上的一些大型专业旅游展,不但是推广本国奖励旅游市场的一次大好时机,而且还能达到扩大本国旅游业影响力、提升知名度的目的。现今在国际上最有影响力的大型奖励旅游的专业交易展有:

①欧洲会议与奖励旅游展（EIBTM）是世界上比较重要,专业水平高,交易实效较好的会议、奖励和公务旅游展之一,且只对专业人士开放,采取买家、卖家、展商预约的方式进行。

②美国芝加哥会议奖励旅游展（IT&ME）也是世界上较为重要的会议与奖励旅游展,每年9月举办,展场面积为350 000平方米。1999年,IT&ME吸引了2 500个参展商,参加人数超过4万人次。自20世纪90年代以来,我国国家旅游局已连续参加了上述两个展会,这在很大程度上推广了我国的奖励旅游市场。但我们还得从注重参展的持续性和提高参展质量方面多加考虑,结合国际专业旅游市场的动态、变化,相应地调整我们的市场战略。

3）价格策略

价格策略是市场营销组合中非常重要并且独具特色的组成部分。尽管非价格因素在现代市场营销过程中的作用日益突出,价格仍是营销成功与否的决定性因素之一。定价应当体现产品的市场定位策略。鉴于奖励旅游的资金来源是企业在实现了其特定目标后,用创造出来的超额利润的一部分进行的,现在的研究发现,奖励旅游费用约为企业超额利润的30%。因此,奖励旅游产品面对高端旅游市场,需求价格弹性小于其他旅游产品,撇脂定价是较适合的价格策略。

所谓撇脂定价,是指在产品生命周期的最初阶段,把产品的价格定得很高,以攫取最大利润,犹如从鲜奶中撇取奶油。企业所以能这样做,是因为有些购买者主观认为某些商品具有很高的价值。从市场营销实践看,开发奖励旅游产品的旅行社或会展公司可以采取撇脂定价:

①奖励旅游市场有足够的购买者,他们的需求缺乏弹性,即使把价格定得很高,市场需求也不会大量减少。

②高价使奖励旅游需求减少一些,因此,产量减少一些,单位成本增加一些,但这不致抵消高价所带来的利益。

③在高价情况下,仍然独家经营,别无竞争者。

④某种奖励旅游产品的价格定得很高,能产生奖励旅游产品是高档产品的印象。

奖励旅游产品按照顾客要求定制的个性化产品或服务蕴含更多的"可变成本",固定成本变得微不足道,具有很大的价格优势。他们对价格不再那么敏感,产品或服务所带来的心理上的满足将占据越来越重要的位置。只要产品或服务合适,顾客认为多花点钱也是值得的。因此,奖励旅游产品可以实行价格撇脂策略。

一些有实力开展奖励旅游的企业为更好地激励其参与对象,常常是"不惜血本"。据有关统计,一个豪华奖励旅游团的消费通常是一个普通旅游团的5倍,他们不仅在交通工具、住宿、餐饮等方面体现出了高档次的特征,如住豪华饭店、举行大型晚宴、选择特殊的旅游线路等,而且在旅游活动内容、组织安排以及接待服务上更是要求尽善尽美。奖励旅游高消费高档次的特点使其能够承担定制营销造成的高成本,这为实施营销提供了可行条件。

【实训项目5-4　奖励旅游营销策略研究——步骤4】

中青旅从2002年开始,每年都成功举办保险行业和其他行业的奖励旅游,有着良好的营销组织团队和相关策略。

【实训追问】

1.中青旅成为奖励旅游最专业合作伙伴的成功因素有哪些?

2.中青旅主要采用的营销手段有哪些,各自对奖励旅游的宣传和推广起到了什么作用?

3.请根据前几届奖励旅游的营销模式,针对这次××保险公司的应征方案,探讨可以在哪些方面取得更多的突破和创新?

4)开发策略

奖励旅游具体的服务提供应包括交通、食宿、旅游和特殊事件4个部分。从产品构成上讲,四者是一个有机整体,缺一不可。从组成性质上讲,前三者是一般因素,特殊事件是独特体验。与其他奖励方式相比,旅游奖励并不便宜,但其主要优点是更加难忘和特别;与其他旅游形式相比,奖励旅游对特殊事件的强调成就了其独特之处;在奖励旅游行程中安排的会议、培训、颁奖典礼、主题晚会等特殊内容,不仅将企业犒赏的目的表现得淋漓尽致,也使活动更加别致与难以忘怀。

奖励旅游产品的设计与奖励旅游方案的制订主要有3种方式:一是由企业公司通过自己的下属部门制订,如德国就有约2/3的公司由自己的经营部制订奖励旅游方案;二是由专门规划设计奖励旅游的顾问公司制订;三是委托旅行社代办。奖励旅游方案的制订虽不皆由旅行社负责,但制订奖励旅游的具体计划并付诸实施时,结果却是绝大部分要通过旅行社。在我国,当前旅行社是主要的奖励旅游组织者,也是企业与旅游服务提供者联系的纽带,在奖励旅游的成功运行中意义非凡。

在奖励旅游产品的设计与开发中,奖励旅游产品的设计流程有广义与狭义之别。狭义流程是指从旅行社接受企业委托开始到本次旅游活动结束后的效果评估阶段;广义流程除包含狭义流程外,还应包括前期的准备工作及后期保持密切关系阶段。因为,广义流程是旅行社设计任何旅游产品都必须遵循的,而狭义流程则只针对奖励旅游产品,所以我们这里只简单分析狭义流程。

(1)预算审核

奖励旅游与其他旅游项目的不同之一即表现在预算上,区别于普通的包价旅游向旅行社购买现成的产品,它是一种很特殊的旅游,类似于企业的定价旅游。它要求旅行社依企业所能承担并愿意承担的费用,根据企业的特殊需求,设计出令其满意的奖励旅游产品,而这些企业用于该次奖励旅游的经费,一般不会有较大的实质性变动。旅行社要发挥自己的主观能动性,依企业经费多寡,在奖励旅游活动次数、主题活动、出游时间上做相应调整,并据此进行适当的财务分配以及有效掌控。

(2)委托企业评估与分析

在进行奖励旅游形成规划之前,对委托企业进行准确细致的评估与分析,然后依据企业的特性而个别设计最具特性的旅游行程。奖励旅游的最高指导原则是独一无二的行程安排,不同行业和企业对奖励旅游的行程安排、主题设定、时间安排都有差异,对企业评估与分析包括对企业财力、经营背景、先前奖励旅游状况、市场竞争对手以及企业特性都要调查清楚。另外,企业本次旅游人数多寡、出游日期选定等也要明了。旅行社对企业评估与分析得准确与否,将直接影响到奖励旅游行程活动规划的基础。

【实训项目5-5 设计奖励旅游方案——步骤5】

一、"欢喜迎宾"方案

1.需符合的条件

(1)至少200人。

(2)4天3晚住宿以及500个房/晚(旅客人数×停留夜数)。

2.TCEB(泰国会展局)提供下列3选1免费招待行程,人数最少30人,最多40人,且必须至少提前一周预约及确认:

(1)进行3小时的艺术参访、雷东(Doi Tung)咖啡招待以及特别安排SUPPORT基金会购物时间。

(2)参访社区并在Chai Pattana基金会享用下午茶。

(3)前往曼谷玫瑰花园参观有机植物。

加值:20张VIP门票可前往皇家剧院参观伛舞表演(有特定日期需事先预约)。

二、"会议酬谢"方案

1.需符合的条件

(1)1 000人以上团体。

(2)3天2晚住宿以及2 000个房/晚(旅客人数×停留夜数)。

2.TCEB提供

现金资助,最高1 000 000泰铢。

加值:24小时量身定制服装服务可享15%折扣;中央百货集团购物折扣卡。

3. 注意事项

（1）现金资助只限于泰国当地花费。

（2）必须由客户或会议主办单位提出申请，请将申请文件一并附上活动简介，直接向 TCEB 总局申请，申请邮箱：meeting@ tceb. or. th。

（3）TCEB 保留现金资助的审核批准权力，所批准金额只可适用以下项目：当地交通接驳；当地 PR 及品牌露出安排；会议场地租金（只限于场租，不包括餐饮）；社交宴会；支付当地主办单位的服务费用。

（4）活动当中必须露出包含 TCEB 的品牌。

（5）活动举办完毕后，必须由当地供应商或相关单位提供与会代表名单以申请款项。

三、"女性主管"方案

1. 需符合的条件

（1）至少 30 位女性主管。

（2）3 天 2 晚，至少 55 个房/晚（旅客人数×停留夜数）。

（3）或者混合当地及至少 20 位国外访客。

2. TCEB 提供下列 3 选 1 免费招待行程

（1）曼谷购物乐：At Rajprasong Group of Shopping Malls。

（2）终极 Spa：每人 1 000 元折扣券，可在 TCEB 推荐的当地 Spa 店使用。

（3）泰国特制奖杯（Thailand Diva Cup）：由 TCEB 特制的个人高尔夫球组与独特的女性杯（Diva Cup）。

【实训追问】

1. 总结泰国企业奖励旅游推广方案设计中的亮点，你最喜欢这个方案中的哪些安排，为什么？

2. 该方案针对的是会展旅游中哪个规模和哪个细分市场？ 会有吸引力和效果吗？

3. 注意"会议酬谢"中"注意事项"的内容，这部分内容必要吗？ 为什么？

【实训拓展】

课后请以小组为单位，查阅××保险公司的企业文化和历年奖励旅游情况，为其制订奖励旅游方案。

【实训项目总结评分——学生互评与教师点评】

表5-4 项目总结评分表

大类指标	指标分解	指标分值/分	学生互评/分（权重30%）	教师评分/分（权重70%）	总分/分
项目控制系统设计	安排合理性	15			
	实际操作性	15			
	图例准确、美观	5			
进度控制甘特图	人员分配合理	15			
	准备时间分配科学	15			
质量检查表	有亮点	30			
	完整、准确	5			

项目 6
展览营销

【案例导入】

从香港国际艺术展到香港巴塞尔艺术展

图6-1 巴塞尔艺术展香港站

香港国际艺术展于2007年由亚洲艺术展览有限公司（Asian Art Fairs Limited）创办，在Magnus Renfrew过去5年的领导下，跃身为世界最享盛名的艺术展之一。近年来，艺术展成功推动了本土的文化发展，并彰显香港成为国际艺术中心的潜力。香港国际艺术展促进世界级画廊进驻香港，也建立了让本土艺术家在国际艺坛上大放异彩的平台。

香港国际艺术展自2009年起创立"艺术世界之未来"展区，专为世界各地的新晋画廊而设，呈现年轻艺术家的作品。艺术展自2011年起设立"亚洲·壹·展馆"，提供平台让亚洲画廊展出亚洲艺术家的个人展览。ART HK Projects于2011年首度登场，呈现全球顶尖艺术家达美术馆级的大型雕塑和装置艺术。

2012年，香港国际艺术展委任东京都现代美术馆首席策展人长谷川祐子（Yuko Hase-gawa）为ART HK Projects的首位策展人。

这3个各具特色的展区突显了香港国际艺术展实践两个核心支柱的承诺——培育人才和推动跨文化交流。

2013年，香港国际艺术展（ART HK）被国际知名的巴塞尔艺术展收购，正式更名为香港巴塞尔艺术展（Art Basel HK），Art Basel HK在展场安排上也做了不同分区，包括称为画廊荟萃的主要展区、专门呈献亚洲重要艺术家策展及主题鲜明展览的亚洲视野、为新晋艺廊提供展览平台的艺术探新，以及展示全球知名艺术家的大型雕塑装置艺术的艺聚空间。

巴塞尔艺术展（Art Basel）是全球最具影响力也是全球水准最高的艺术展会，它更被誉为全球艺术市场的"晴雨表"。这场顶级的艺术展，每年会在瑞士巴塞尔、中国香港及美国迈阿密三地举行。Art Basel HK作为巴塞尔艺术展每年三地展览的第一站，已经成为亚洲影响力最大的艺术展会。

【实训项目 6-1　实训准备——步骤 1】

表 6-1　学生分组表

小组名称	学生名单及人数
市场调研组	
广告宣传组	
公共关系组	
网站制作组	
海外宣传组	
后勤组	
⋮	

编制香港国际艺术节营销项目进度控制甘特图，完成表 6-2。

表 6-2　甘特图举例

项目	工作内容	人员	完成时间控制
市场调研	市场分析		
	问卷调查		
	竞争分析		
	撰写报告		
广告宣传/公共关系	项目营销预案		
	进行展会前期宣传		
	城市形象宣传		
	展会招商招展		
	开幕式工作		
	展会客户关系管理		
	新闻发布会		
	⋮		
后勤	现场管理及维护		
	媒体协调		
	⋮		

注：各小组学生可根据以上内容设计编制与自己工作小组相关的工作计划表。

任务 1 界定展览产品

展览指在某一地点举行,参展者与参观者借助陈列物品产生互动的活动。参展者可以将展览物品推销或介绍给参观者,有机会建立与潜在顾客的关系;参观者可以从展览中获得有兴趣或有用的资讯。

展览的分类主要考虑两个方面:一是展览的内容,包括展览的性质、内容、所属行业等;二是展览的形式,包括展览规模、时间、地点等。

展览从性质上分贸易展和消费展两种。贸易性质的展览是为产业即制造业、商业等行业举办的展览,展览的主要目的是交流信息、洽谈贸易;消费性质的展览基本上都是展出消费品,目的主要是直接销售。展览的性质由展览组织者决定,可以通过参观者的成分反映出来:对工商业开放的展览是贸易性质的展览,对公众开放的展览是消费性质的展览。具有贸易和消费两种性质的展览被称作综合性展览。经济越不发达的国家,展览的综合性倾向越重;反之,经济越发达的国家,展览的贸易和消费性质分得越清楚。

展览从内容上分,有综合展览和专业展览两类。综合展览指包括全行业或数个行业的展览会,也被称作横向型展览会,如工业展、轻工业展;专业展览是指展示某一行业甚至某一项产品的展览会,如钟表展。专业展览会的突出特征之一是常常同时举办讨论会、报告会,用以介绍新产品、新技术等。

展览从规模上分,有国际、国家、地区、地方展,以及单个公司的独家展。这里的规模是指展出者和参观者所代表的区域规模,而不是展览场地的规模。不同规模的展览有不同的特色和优势。

展览从时间上划分的标准比较多——定期和不定期:定期展有 1 年 4 次、1 年 2 次、1 年 1 次、2 年 1 次等;不定期展则是视需要而定长期或短期,长期可以是 3 个月、半年甚至常设,短期展一般不超过 1 个月。在发达国家,专业展览会一般是 3 天。在英国,1 年 1 次的展览会占展览会总数的 3/4。展览日期受财务预算、订货及节假日的影响,有旺季和淡季之分。根据英国展览业协会的调查,3—6 月及 9—10 月是举办展览会的旺季,12—1 月及 7—8 月为举办展览会的淡季。

大部分展览会是在专用展览场馆举办的。展览场馆最简单的是室内场馆和室外场馆。室内场馆多用于展示常规展品,如纺织展、电子展等;室外场馆多用于展示超大超重展品,如航空展、矿山设备展等。在几个地方轮流举办的展览会被称作巡回展。还有比较特殊的展览类型是流动展,即利用飞机、轮船、火车、汽车作为展场的展览会。

任务 2 识别展览客户的采购行为

展览客户的构成实际上是要解决"我将产品卖给谁"的问题,按照传统的思维,人们会习惯地认为"谁付钱谁就是客户",这样一来很容易将展览客户的范围缩小到仅为参展商。但实际上展览会的产品和服务通常包含的内容非常丰富,付款者未必全部是参展商,其他机构(如赞助商)也可能付了款但并不订购展位。另外,因为展览会的主要宗旨是构筑贸易平台,而贸易是参展商和专业观众的互动行为,所以展览客户的构成是复杂和多样的。

活动 1 分析展览客户的构成和特点

展览会的客户既包括会展产品和服务的购买者,如参展商、赞助商以及广告客户等,也包括展览会的专业观众和普通观众。具体分析如下:

1) 参展商

参展商是从展览会组织者手中订购展位,并利用有限的展位空间,通过声、光、电等多种形式展示产品和形象的机构。参展商支付的款项是组展企业最重要的收入来源,参展商是展览企业最重要的客户之一。最大限度地满足参展商的需求,是组展商一切经营活动的出发点。

2) 赞助商

赞助商是以现金或者实物等形式为展览会提供赞助的机构。展览会赞助是一种商业行为,赞助商在向展览会组织者提供赞助的同时,需要组织者提供特别的宣传促销方案作为交换条件。在大多数情况下,展览会的赞助商同时也是参展商,但也有个别例外。

3) 广告客户

广告客户是指展览会期间各种宣传机会和宣传媒介的购买者。尽管展位租金通常是会展企业的主要收入来源,但是展览会期间如果广告产品销售得比较理想,同样会成为会展企业不菲的收入来源。所以,许多有经验的会展企业总是善于挖掘展览会期间的宣传机会,并将其转化为可以出售的广告产品,以最大限度地获得商业利益。

4) 专业观众

专业观众又称为"买家",是展览会中不可缺少的部分。展览会的本质功能在于促进商业贸易,只有参展商而没有"买家"的展览会,其交易将称为一句空话,展览会也失去了存在的意义。所以,专业观众是会展企业的重要客户。在组展商的销售工作中,应当安排充足的时间和人力进行专业观众的邀请工作。一般来说,专业观众主要由会展企业的营销人员负责邀请,特别重要的专业观众还需要会展企业为其支付交通、住宿、餐饮等差旅费用。除此之外,协办单位、支持单位以及参展商对专业观众的邀请通常也是买家邀请工作的重要途径。

5) 普通观众

普通观众是指为了获取新知识、新观念,了解新产品等而前往展览会现场参观的普通群体。除了汽车展、航空展等观赏价值高的展览会需要普通观众购票入场外,大多数展览会普通观众可以免费参观。普通观众虽然不像专业观众那样具有明显的贸易动机,但他们同样是参展商的目标客户。一般情况下,组展商通过展览会广告、邮寄邀请函、现场赠送小礼品等方式吸引普通观众的注意。

活动2　识别展览客户的采购特征

通常情况下,产品和服务的采购主体有两类:一是自然人消费者;二是机构用户。由于展览会的参与者以机构为主,因此展览产品和服务的采购从总体上属于机构采购行为。与消费者个人采购行为相比,机构采购具有以下典型特征:

1)大多数具有事前的计划和预算

个人采购商品和服务时,大多时候具有很大的随机性,但是对于工商企业等机构来说,很多采购行为必须在事前制订相应的书面计划和预算。因此,会展营销人员在针对客户进行营销时,需要首先了解目标客户在本财政年度内是否有参展的计划以及是否为参展列出了相应的预算。若企业有参展方面的计划预算,则更容易成功地进行营销;而对于那些执行计划和预算比较严格的企业来说,只要事前没有对参展做出计划和预算,企业就无法参展。

2)需要遵循一定的决策程序

机构作为一种"法人",通常需要按照法人的办事规则行事。某机构是否参加展览会,往往需要通过一定正规程序才能最终决定下来。当然,企业规模、企业文化、领导人的权利偏好等因素的不同,会导致不同企业在参加展览的过程中遵循不同的决策程序。有的企业倾向于由公司高层直接决策的方式,有的企业倾向于由与展览会内容有关的部门负责人直接决策等。

3)展览产品和服务的采购工作由专门的部门完成

这一点显然不同于个人的采购与消费行为。在很多情况下,个人的采购和消费是结合在一起的,而企业的参展行为有所不同。企业通常委托与会展内容相关的部门或者公司行政部门具体负责采购,然后委派相关的业务人员参展。实际参加会展的人员与采购会展产品和服务的人员往往是分开的。参展人员通常对具体业务比较熟悉,但对参展过程中具体产品和服务的采购情况不一定非常清楚。

【实训项目6-2　展览客户构成探讨——步骤2】

展会的良好举办,离不开具有吸引力的参展商和各参展人员,请参考以下信息,寻找香港国际艺术节的主要客户的具体组成及其特点。

《巴塞尔艺术展与瑞银集团环球艺术市场报告》:千禧世代藏家积极购藏。

调查显示,千禧世代藏家引领艺术品市场销售,其支出是婴儿潮一代的6倍,而女性藏家的支出多于男性藏家。

2019年全球艺术品市场销售价值同比下降5%至641亿美元。

2019年全球艺术品市场交易量达到4050万元,创10年新高。

中国仍然是第三大艺术品市场,市场占有率为18%。

主要发现包括:

全球销售:2019年艺术品市场总销售额估计达到641亿美元,较2018年下降5%,主要由于高端产品销售萎缩,使市场回到略高于2017年的水平。相比而言,全球艺术品市场交易量达到 10 年来的最高点,年增长 2%,交易量估计达到 4 050 万元。

领先市场:美国继续保持全球最大市场的地位,市场占有率达 44%,与 2018 年相比保持稳定。尽管英国脱欧带来政治不确定性,英国仍以 20% 的市场占有率保持其第二大市场的地位(同比下跌 9%)。中国仍然是第三大艺术品市场,市场占有率为 18%(同比下跌 1%)。

全球财富与艺术品买家:涉及 1 300 位高净值藏家。调查发现千禧世代的藏家是最活跃的买家,也是花费最多的买家,两年平均支出总额为 300 万美元,是婴儿潮一代支出的 6 倍以上。尽管女性藏家在数量上比男性少,但平均支出多于男性。在过去两年中,多达 16% 的女性藏家的平均消费水平超过了 1 000 万美元。受访的女性藏家的平均收藏品数量也超过男性,其中超过三分之一的女性藏家拥有超过 100 件收藏品(男性中占比为 21%)。

线上销售:经过 5 年多的销售持续增长,线上艺术品市场在 2019 年放缓,销售额为 59 亿美元,同比下降 2%,但按价值计算仍占全球销售额的 9%。近一半(48%)的藏家总是或时常使用线上平台购买艺术品。千禧世代的藏家是最常使用网络渠道的用户,只有 8% 的人从未在线上购藏。尽管 65% 的高净值藏家线上购买单件作品的价格未超过 50 000 美元,四分之一的受访者曾花费超过 100 000 美元,而 8% 的受访者曾花费超过 100 万美元,是 2018 年以相同价格水平花费人数的两倍。

拍卖数据:2019 年公开拍卖的销售额达到 242 亿美元,在连续两年增长后下跌了 17%。在所有领先市场包括美国、英国和中国,拍卖销售额均下跌了两位数。增长放缓主要是由供应驱动,可出售的极高价格拍卖品数量减少。然而,法国的销售额却增长了 16%,超过 16 亿美元。私人销售额也大幅增长,所有主要拍卖行在该类别中均录得同比两位数的收益增长。

经销商数据:2019 年,经销商行业的销售额同比增长 2%,达到 368 亿美元。总销售额的适度增长继续受到高端市场的推动。经销商指出寻找新买家是 2019 年的最大挑战。

艺术展:艺术展仍是全球艺术品市场的核心,2019 年总销售额估计达 166 亿美元,占全球经销商总销售额的 45%。估计有 15% 的销售额在展会前交易(25 亿美元);展会期间交易占 64%(106 亿美元);展会后交易占 21%,为参展带来直接收入 35 亿美元。

性别议题:发现在经销商行业中,女性购买者的平均销售份额为 36%,比 2018 年报告的数据增加了 9%。在一级市场的画廊中,展出的女性艺术家同比增长 8%,占总展出艺术家总数的 44%,而她们的销售额也从平均 2018 年的 32% 增加到 2019 年的 40%。

国际跨境艺术品流动目前也面临着一系列不利情况,从不断增加的贸易法规和关税到推动更多本地购买以减少艺术品市场对环境的影响。艺术品市场的全球化在过去 20 年一直是其扩张的关键,通过更多样化的买卖双方的支持从而降低下行风险。尽管短期内这些趋势不太可能受到挑战,但不断上涨的关税和法规阻碍跨境销售,可能会对未来的市场增长产生负面影响。

[资料来源:Clare McAndrew 博士所撰的第四版《巴塞尔艺术展与瑞银集团环球艺术市场报告》(Art Basel and UBS Global Art Market Report)]

【实训追问】

从各种渠道搜集资料,填写表6-3。

表 6-3　展览客户分析表

客户组成	地域构成	主要购买特点
参展商		
赞助商		
广告客户		
专业观众		
普通观众		

任务 3　制定展览营销策略

活动 1　细分展览市场

展览市场细分是会展企业按照参展企业和目标观众在需要、爱好、购买动机、购买行为、购买能力等方面的差别和差异,运用系统方法把整体市场划分为两个以上不同类型的参展群体,再把每种需要或愿望大体相同的参展者,细分为以参展群体为标志的"子市场"的一系列求同存异的方法和过程。

1)展览市场细分的依据

选择合适的市场细分标准,是进行有效的市场细分的前提。一般来说,会展市场细分的标准有以下4个方面:

(1)产业属性

会展依托其展览题材所在产业的发展而发展,展览题材所在产业的产业差别、发展前景、规模大小、竞争态势、企业数量和产品使用范围等,都会对展览的发展和营销产生影响。如按产业的发展前景,可以将产业划分为新兴产业、成长产业、成熟产业和衰退产业,在这些产业内举办展览,所采取的策略和方法都会有重大差别。

(2)地理因素

依据地理因素来细分市场是一种传统的市场细分方法。由于地理环境、气候条件、社会风俗和文化传统的影响,同一地区的客户往往具有相似的需求,不同地区的客户需求往往会有所差异。地理因素中的洲际、国别、区域、行政省市、城市等,都可以作为市场细分的依据。

(3)展览功能

展览的两大宏观功能和四大微观功能都可以作为会展市场细分的依据。例如,可以将广交会、华交会和昆交会等以出口商品贸易成交为主要微观功能的会展分为同一类会展。

（4）客户需求

客户需求是进行展览市场细分的重要依据。会展最重要的客户有两个：一是参展商，二是专业观众。因此可以分别按参展商和专业观众的同类需求结合在一起对展览市场进行细分。

值得注意的是，因会展展览题材所在产业的不同，不同会展进行市场细分时，所采用的细分标准是有差别的，一些对在这种产业内举办的展览进行市场细分有意义的细分标准，对在另一种产业内举办的会展可能是毫无意义的。

2）有效展览市场细分的条件

在进行市场细分标准制定的过程中，必须做到按照这种标准进行市场细分是有意义的，否则会大大降低展览营销的效果，甚至会出现偏差。有效的市场细分应该具备以下4个条件：

（1）客观真实性

细分的标准和通过该标准细分出来的市场都是客观存在的，不是通过拼凑和主观意愿聚合在一起的，其所具备的共同特征也是真实的。

（2）可区分性

采用某种标准对会展市场进行细分后，各独立子市场不仅范围清晰，其市场规模大小可以采用一定的方法度量出来，而且特征明显，与其他子市场之间有明显的差别。

（3）可进入性

细分后的各独立子市场，应该是会展通过一定的营销策略和营销组合可以到达的市场，会展营销辐射力能够影响该市场，该市场中的客户能够感触到会展的营销努力。

（4）可营利性

细分后的子市场应该具有一定的规模，有一定的现实或潜在需求，使会展在进入这一细分市场后能有利可图。如果会展进入该市场却无利可图，会展就没有必要专门为该市场设计营销计划了。

3）展览市场细分的方法

常用的市场细分方法有：完全细分法、单指标细分法、交叉细分法、多指标细分法。

（1）完全细分法

将市场上每一个客户分别作为一个独立的子市场，为每一个客户设计一套有针对性的营销计划，这样的市场细分即为完全市场细分。该细分方法只适用于那些客户数量不多且各客户的需求特色明显的会展市场。

（2）单指标细分法

单指标细分法是指只用一个细分标准对会展市场进行市场细分。虽然只有一个标准，但在这一标准下可以有不同的层级或档次，这些不同的层级和档次可以把会展整体市场细分为若干个平行的子市场，细分后的子市场的数量等于这个细分标准的层级或档次的数量。如对参展商，可以按照参展面积这一标准来细分，在参展面积里，可以按各参展商面积的不同划分为9平方米、10～36平方米、37～73平方米、73～100平方米、101～200平方米、200平方米等不同的层级。

（3）交叉细分法

交叉细分法是指运用两个细分标准对会展市场进行细分，这种细分方法又叫双指标细分法。用此方法对展览市场进行细分后，其细分子市场的数量等于两个细分标准的层级或档次的数量的乘积。

（4）多指标细分法

多指标细分法是指运用3个或3个以上的细分标准对展览市场进行细分。当采用多标准时，可以根据实际情况对每一个细分标准都赋予不同的层级或档次。用此方法进行市场细分后，其细分子市场的数量等于各个细分标准的层级或档次的数量的连乘积。

一般来说，展览对市场进行细分时所运用的标准越多，其所获得的精确度也越高，每个细分市场的客户数量也越少。但随着会展细分标准的增多，会展用来进行市场细分的成本也相应地增加。因此，在进行市场细分时，既要确保细分市场的精确性和有效性，又要使细分成本保持较低的和可以接受的水平。

活动2　确定展览营销渠道和手段

展览销售渠道就是将展览会产品从办展机构转移到最终消费者（参展商），并且为之提供服务的一整套组织网络体系。会展营销的主体一般包括政府、办展机构、参展商和与会者，甚至还有媒体。这个网络中不仅包括办展机构和参展商，而且还包括各级展会销售代理、媒体、专业观众等。

1）展览销售渠道的功能

办展机构使用销售代理的原因是展览会的销售代理能够以更高的效率将展览会推向目标市场。它凭着多年来的业务来往及关系、经验、固定的客户群，能够为展览会的销售节约很多的实践和推广费用。展览会的销售主要起到以下3个方面的功能：

（1）信息传递功能

办展机构要顺利地出售展览会产品，首先要使参展商了解本届展览会的特色、办展规模等有关展览会的信息。必须通过销售渠道将展览会的信息传递给参展商，从而建立办展机构与参展商间的信息链。该信息链的有效运作，是实现办展机构与参展商之间交易链的大前提。

另外，主办单位要了解参展商的需求，企业决定参展是认为参加展览会能为企业带来价值，能满足企业宣传企业产品、树立企业形象、促进贸易等需求。办展机构应该通过此信息链尽可能地了解参展商的需求，从而设计出满足参展商需求的展览会产品。

（2）交易功能

可以建立主办单位与参展商之间的交易链，一个成功的展览会不仅能为参展商带来效益，而且能够降低参展商的贸易成本。具体表现为参展商能在展览会上以较低的成本结识新客户，并且有可能扩大贸易量；或者通过参展树立了企业的形象，宣传了企业的产品，扩大了知名度等。当参展商认识到展览会对于自己的内在价值时，企业就会报名参展，成为参展商，通过此交易链，实现展览产品的出售，从而形成主办单位与参展商之间的交易链。

（3）推广功能

展览会销售渠道的建立，还可以有效地利用各级代理来宣传推广本届展览会。这也是许多企业建立销售渠道的主要原因之一，就是可以降低自己的宣传推广费用。在招展期间利用各种形式的促销手段，吸引参展商的注意，并且有效解答参展商的各种疑问，使他们尽早做出购买决定。

2）展览销售渠道的结构

展览属于服务业，所以它的销售渠道不像一般的实物产品那样复杂，它省去了产品的运输、仓储等环节。一般来说，它有直接渠道和间接渠道两种。

展览会销售的直接渠道是指办展机构通过直接邮寄和电话销售以及对重要客户的上门销售，将信息传递给潜在的参展商，从而达到销售展台的目的。使用直接销售渠道的前提，是建立一个完整的和有效的客户数据库。数据库的完整性，是指数据库包含了大部分潜在的参展商。数据库的有效性是指数据库中的企业是确确实实存在的，并通过该数据库能将有关信息直接传达到企业。

展览会销售的间接渠道是指通过中间商来向企业销售展位，一般是各地区的代理。主办单位以支付佣金的方式，与代理商之间建立联系。间接渠道的有些功能办展机构是不一定能代替的，所以间接渠道有时是不可缺少的。

（1）直接渠道

首先，办展机构选择直接渠道的原因是比较经济，因为直接渠道可以用较低的成本出售自己的展览会产品。最大的优点在于省去了付给代理商的佣金，而且随着互联网技术的发展，办展机构越来越趋向于运用成本非常低的网上营销方式，参展商在网页上可以了解本届展览会的所有信息，通过 E-mail、网上订单等信息工具，解决异地参展商购买展位的问题，大大节约了销售成本。

其次，办展机构还可以很容易地控制所有的营销因素。办展机构可以以统一口径向参展商提供信息，包括展位信息、价格信息和相关的服务信息，有效地避免由于各地代理商的信息不透明可能导致的价格混乱，展位出售引起的混乱等问题。

再次，办展机构可以以最快的速度回应参展商。对于在招展过程中参展商提出的一些问题，办展机构可以尽快地予以回复，同时可以根据参展商的意见和建议，改进展览会产品，使之更有效地满足参展商的需求，保证招展工作的顺利进行，因此直接渠道一般富有弹性。

最后，直接渠道可以有效地避免因为代理机构不配合所引起的风险。有的代理机构由于宣传和推广工作做得不到位，或者由于同一地区的代理商在招展过程中使用价格战而引起价格混乱，导致招展停滞或不顺，利用直接营销渠道则不会出现这种问题。

（2）间接渠道

办展机构利用间接渠道可以大大地提高展览会销售的效率和专业化水平，各级代理机构由于对参展商市场的分布、类型、参展偏好有深入的了解，所以在进行招展工作时更有针对性，可以大大提高招展效率。

设立代理机构对于异地招展尤其是海外招展有很大的作用。由于代理机构的有效宣传，可以使本地区的潜在参展商转化为现实的展位购买者，比起互联网，设立代理机构会将展览会的信息更加直接、形象地告知当地的参展商,提高潜在参展商的购买概率。

为了有效地避免两种渠道的缺点,发挥它们的优点,许多办展机构现在一般采取混合渠道的销售策略,即直接和间接渠道并用。

3)展览的直接销售阶段与手段

①办展机构的直接营销一般要经过以下4个阶段,建立起自己的客户数据库,为自己将来的各种营销打下基础:

A. 地毯式轰炸。办展机构还不能确定哪些是自己的潜在客户时,往往使用这种营销方式,它的前提是假定所有的营销对象都是自己的潜在客户,费用往往很高,但收效甚微。

B. 数据库营销。在前一阶段的基础上,建立自己的数据库,并对这些客户进行有目的的营销活动,它锁定了自己的目标客户,命中率较高。

C. 交互式营销。利用互联网技术,办展机构建立公司自己的网站,并且公开自己的电话、网址、地址、E-mail 等,与客户进行交互式的问答。

D. 个性化营销。办展机构在了解参展商需求的基础上,设计出针对他们需求的产品,并有目的地对他们展开营销活动。

②办展机构的直接销售渠道一般以面对面营销、直接邮寄、电话销售、网上销售为主。

A. 面对面营销。对于办展机构认为比较重要的客户,他们往往会采用直接上门拜访的方式来接触客户。销售人员一般会提前联系公司参加展览的负责人,约定时间和地点见面。这种方式的关键是要联系到正确的负责人并且说服其碰面。销售人员一定要着装得体、说话谦逊,简明扼要地说出本届展览会的优点、规模等相关信息,并且说服参展企业参展。如果没有成功,也一定要问清楚原因,是企业参加了竞争对手的展览会还是本届展览会有什么不足,下一届尽量改进。而且直接上门拜访即使不成功,也会使企业对本届展览会留下较为深刻的印象,这样他们可能会变为下一届的参展商。

B. 直接邮寄。办展机构将展览会的相关信息用邮件寄给他的目标参展商。针对不同的客户可以选择不同的邮寄方式,使得一些客户获得受重视的感觉。办展机构之前一定要掌握目标客户的详细资料,包括它的地址、负责人、参展历史等,即要有一个完整的客户数据库,通过数据库的记载,有目标地将展览信息寄给客户。它是目前办展机构直接销售采用的最普遍的方式。

C. 电话销售。电话销售是指办展机构的销售人员用电话直接和潜在的客户进行联系的一种方式。它对销售人员的沟通技巧尤其是倾听能力要求很高。销售人员在进行电话销售时必须问话切题、态度谦逊,这是保证对方有耐心听下去的前提,之后再将展览会的信息有效地传递给目标客户,同时尽量说明本届展览会较之于同行业的展览会的优点,以引起对方注意。注意在进行电话销售时一定要多询问、多聆听,并且在适当的时候给客户一些合理的建议,随时记下你所拨打或接听的每一通电话信息。作为一种营销手段,电话销售能使办展机构在一定的时间内,快速地将信息传递给目标客户,及时抢占目标市场。电话销售已经成为帮助企业增加利润的一种有效销售模式,其特点是省时、省力、省钱,并能快速获利。

D. 网上销售。办展机构利用互联网将自己的展览会信息发布到有关网站上,客户可以通过访问网页获得自己想要的信息,然后决定要不要参加展览会。网上的信息一定要完备并且保持及时更新,使客户可以方便地了解展览会的一切资料,还可以实现参展商网上预订展位、网上汇款、网上答疑等功能。网络营销信息的传递具有多种渠道,如展览网站、搜索引擎、供求信息平台、电子邮件、即时信息等。办展机构要随时保证网站上的基本信息的全面和及时,对网站进行优化设计,建立网站登录搜索引擎等,因为这些基本策略的实施可以确保用户获得足够的有效信息。网络的下载速度应该快,因为下载速度决定了信息传递渠道的周期,否则易造成客户的流失。互联网技术的发展有效地降低了办展机构的销售成本,越来越多的展览公司采取这种直接销售方式。

4)展览会间接销售渠道的建立

展览会间接销售渠道的建立,关键是寻求合适的招展代理商。一个资质可靠、负责任的代理商可以大大地提高间接销售渠道的效率,销售渠道才能切实发挥它应有的作用。一般来说,展览会的招展代理主要有以下3种:

一是独家代理招展。简言之就是在保证一定摊位数的基础上,一个地区选择一家代理机构作为独家代理,所有来自这一地区的摊位不管是否由代理直接找来,都计入代理的摊位中,统一支付代理佣金,且不管以后该公司是否通过代理或直接报名,都仍算为代理的名下,作为代理的永久客户。对于一些专业性很强的展会,做法是和一个专业的协会或公司全方位合作,利润共享。

二是一般代理。即办展机构在同一地区同时设立几个代理商作为自己展览会的招展代理,同时规定各个代理之间的权限和利益,而且招展的条件必须统一,以免造成混乱。

三是承包代理。就是该代理机构向办展机构承诺在展览会开幕前卖出一定数量的展位,并且双方签订合同,不论是否完成约定的展位数量,代理商必须按商定的展位费付给办展机构。

(1)选择招展代理的原则

参展商缴纳的参展费是办展机构利润的主要来源,每个展览会的主办者都希望尽可能多地出售展位,以提高展会的品牌效应。如何选择一个胜任的招展代理商就成为实现主办者赢利与否的一个关键因素。要找到一个好的代理商,至少应具有以下4个原则:

首先,所选代理商对象应该对于展会有一定的客户基础,这是代理商能否胜任这一项工作的基础。通常在国外能满足这一条件的有行业协会、地区商会等机构;另外有专业展览公司、广告公司等可供选择。尤其是一些在境外举办过相同题材展会的机构,更应是首选对象。

其次,要熟悉展览会各项工作的运作和相关的专业知识。代理商在其代理的范围代表着主办者形象和客户接触,因此,一个成功的代理商,要通过对客户进行宣传,吸引参展商。而每一个参展商都会对自己参加的展览会进行评估,会对有关参加展会的费用、程序、展览服务等各方面提出各种各样的问题和疑问,这一切都需要由代理商进行详细的解答和解释。若所选的代理商不熟悉组织展会的运作,或者没有这方面的工作经验,是不能很好地完成招展工作的。

再次,选择信誉良好的代理机构。良好的商业信誉不仅是双方合作的基础,更是保证招展工作顺利进行的前提;否则,容易产生经济纠纷,影响相互合作。

最后,选择办展理念相近的合作者。由于国内外的社会状况、企业特点、经济环境、人文价值观等方面都有不少的差异,因此,在选择代理商时,应尽量选择能够互相理解,最好是能接受我方办展理念、工作方法及要求的合作者;否则,由于双方文化和社会环境差异而带来的副作用,也会直接影响招展成效。

(2)代理期限

不同的办展机构对招展代理的期限一般也有不同的要求。有的办展机构为了稳定其销售渠道,往往会确定一个或几个代理商作为自己在某一地区的指定招展代理商,这样会有以下优势:由于经常从事某一行业的展览会招展工作,这样的代理商往往会有一群自己稳定的客户,招展工作会比较轻松;且由于对此类展览会了解深刻,代理商在代表办展机构回答参展商提出的问题时,往往比较专业,有助于提高办展企业的公司形象。缺点是这样的代理商容易引起竞争对手的窥探和拉拢,当竞争对手的佣金比较丰厚时,代理商会将所有的客户送给竞争对手,这样可能导致招展工作的彻底失败。

有的办展机构采取区别对待的原则,即对于不同类型的代理机构,采取不同的代理期限。例如对于独家代理,刚开始往往不会定太长的期限,而是使用一两届以后,根据其招展的速度、专业性及其资质评定,进行综合考虑后,再看看是否要定为自己的指定招展代理。对于承包代理业实行试用一届或一年以后,看其情况决定以后是否继续聘用。一个地区因为会同时有几个一般代理,所以当他们出现失误时,造成的损失也不会太大。代理商之间的竞争也很大,所以办展机构为了调动他们的招展积极性,往往将代理期限设为一年或一届。

(3)代理商的责、权、利

当办展机构找到适合自己的代理商后,双方就要以合同的形式将各自的责、权、利定下来,以免在日后的操作过程中产生麻烦,影响招展工作的顺利进行。合同内容要尽量细化,避免使用模棱两可的话语,最好细化到每一个具体的工作。

要求代理商要事先对自己所代理的展览会做详细的了解,耐心解答参展商提出的有关展览会的问题;积极配合办展机构有步骤、有计划地对展览会进行宣传推广;按照办展机构的规定进行招展,不得私自改动展位;不得为了某种利益做出有损于办展机构形象的举动;同时要定期以书面的形式向办展机构汇报招展的进展情况,并尽可能地对当地的市场做出分析,提出建议和意见。

代理商有权按照合同规定收取佣金,如果需要,可以要求办展机构协助,对展览会进行必要的宣传和推广;同时可以向办展机构索取展会的相关宣传资料,与办展机构随时保持沟通,共同为招展工作出力。

代理商的佣金一般是由该代理商招来的参展商所交费用总额的15%~20%提取。承包代理商在完成了招展任务后,其佣金会在25%左右,办展机构一般会给承包代理一个下限,如果代理商招到的参展商在这个数量下,则办展机构不会付佣金,如果在这个下限上面,即按照累计折扣支付佣金,即按照不同数量阶段给予不同比例的提成。如果办展机构要在某地区打开市场,这时招展工作就会困难得多,所以佣金会相应高一些;但如果办展机构在某地区已经有了稳定的客户群体,招展工作会容易得多,由于代理商对独家代理权的竞争,佣金就会降低。

（4）代理商的管理

招商代理管理是办展机构间接销售渠道管理的关键,对代理商的有效控制和管理是保证渠道畅通进而招展工作顺利进行的前提条件。若代理机构良莠不齐、没有统一的标准极易引起招展的混乱、低价恶性竞争,不仅损坏办展机构的形象,而且不利于展会的长期发展。办展机构对代理商进行以下几个方面的控制:

①招展价格控制。招展的价格是办展机构应该严格控制的,办展机构给予代理商的佣金和准许代理商给予参展商的折扣要严格区分开,而且给予参展商的折扣权一定要掌握在自己手里。若对于同一地区的代理,给予该地区不同参展商展会同一级别的展位价格不等,就会使展览会的专业性和权威性大打折扣。为了避免这种情况,规定代理商不准代收参展商的参展费,参展费应该在规定的时间内汇入办展机构的银行账号,然后办展机构再按照该代理商所招的参展商数量和质量付给佣金。同时应设立参展商监督会,一旦发现有不公平行为,可以向办展机构举报该代理商,并且可以获得下一届展览会的优惠价格,一旦发现代理商的这种行为,撤销他的代理权,并且按照合同给予一定的罚款。

对于办展机构给予参展商的优惠价格,要有统一标准且要明文规定,并且要公告,做到公开、公正、透明。例如购买面积达到多少就可以享受打折优惠;按照参加展览会的次数享受打折优惠;还有就是按照付款日期享受打折优惠等。

②展位管理控制。代理商还要严格执行办展机构划定的展览区域,不能私自改动。有的代理商为了吸引企业参展,许诺给予他们最好的展位,但当展览会开幕时,却发现自己的展位与所付参展费不符,这时候才知道上当了,并且发生企业之间互不相让,争夺展位的事情。所以办展机构在指定代理商时一定要考虑它的资质和信誉,对于不惜损坏办展机构和展览会形象牟取私利的代理商,在必要的时候可以按照合同请求法律支持。

③定时汇报招展进度。为了保证招展工作的顺利进行,办展机构一定要求代理商定期汇报招展进度,以防止展位临时空缺的风险。如果招展代理商招不满参展商,办展机构可以根据情况及时调整招展策略。

活动 3　制定展览营销策略并定价

1）广告促销

展览会的广告促销简而言之就是"广而告之"展览会的相关信息,它可以很快地把信息传递给很多人。随着商业社会的发展,广告的形式也变得多样化起来,常见的有印刷品(报纸、杂志)、电视、广播、户外广告、互联网等。其促销步骤:

（1）确定广告目标

办展机构做广告的目的就是告知企业此次展览会的信息,它主要可以起到 3 个层次的作用:首先,通过广告宣传展览会,即告知;其次,通过广告可以劝说参展商参加展览,此阶段重点突出此次展览会与其他展览会的不同之处、优点等;最后,广告能起到提醒企业、帮助企业下决心的作用。

所以,办展机构在运用广告促销手段时,要根据它所预想的目标(宣传、劝说、提醒)采取具体的方式。例如,如果只是想宣传展览会,那么采取大规模的电视广告是一种不错的选择。确定了自己的目标市场以后,一些专业性的报纸和杂志,可以将展览会的具体信息传播给特定的人群,它可以大大地提高广告的命中率,同时可以起到劝说作用。一些户外广告主要可以起到提高办展机构形象的作用,对于展览会这样一个时效性很强的产品来说,没有必要为了一次展览会在路边使用大型的霓虹灯广告,这样宣传推广的费用往往会超支。一种通用的做法是在临近开展日期,使用招贴画再一次提醒人们展览会即将举行,这时营销对象往往只是针对观众了。而路边的路牌广告、POP广告,往往是宣传办展机构的形象。

广告促销的目标是整个广告促销计划的灵魂所在,能在特定的时间内针对特定的目标市场,完成特殊的传播任务,每个广告层次的设定及时间段将对广告促销的效果产生很大的影响,办展机构一定要清楚展会营销所处的时间段,并且配合展会宣传的进度使用不同的广告形式。

(2)进行广告预算

广告预算的职能在于起到计划管理的宏观调控的作用。它要求办展机构首先确定开展广告活动所需要的具体数目,再决定何时、何地、以何种方式使用这些广告经费。一个制作周全的广告预算,经费数目不但要保证做到预定的广告目标,而且还要保证广告的连续性,并且为了应付随时发生的意外情况,广告预算还要制订得富有灵活性和伸缩性。

广告的预算一般要根据办展机构的实力、广告的目标、市场竞争的激烈程度而定。一般来说,不同的行业广告的预算也不一样,例如,化妆品行业的广告费用占销售额的20%~50%,而家电业只占到2%~5%,所以办展机构一定要根据自己所处的行业和公司的实力进行广告预算。具体的方法有:

①销售额百分比,即办展机构提前估计自己的展位的销售情况,从中提取一定的百分比作为广告经费。

②考察自己的竞争对手的广告形式及经费,与之持平或更超前。

③经验丰富的办展机构也可以单凭感觉及经验,国内称之为感性投资。

④办展机构还可以视预定的利润状况确定自己的广告经费,也可根据自己的目标确定。

⑤如果办展机构拥有更多市场数据,如自己所占的市场份额,通常以整体广告份额的等同为上限,算出预算。

⑥以每个项目计算,先确定目标,然后算出所需费用,成本考虑需要弹性,然后算出整体费用所需。

(3)制定广告策略

广告策略是办展机构根据不同目标市场的特点和展览会宣传阶段的特点,采取相应的宣传手段和方法。广告策略一是要设计适合此次展览会的广告信息,二是要选择合适的媒体将广告信息以最有效的方式传播给目标受众。

①广告信息设计。

广告信息不仅取决于它说什么,还取决于它怎么说。展览会的广告信息至少要包括主办单位、时间、地点、规模,还要在此基础上,巧妙地表达出该展览会的特点和优势。版式的大小、色彩插图等要素对于广告招贴画的效果有很大的影响。

②选择媒体。

一要选择媒体载体,它的选择是影响广告效果的关键因素,在确定了广告要涉及的范围、出现的频率、效果后,应该针对不同媒体的特点,选择不同的传媒载体和广告时间。

二要选择广告涉及的范围,它有以下3个策略:

无差别市场广告策略。这是指办展机构在一定时间内向一个大的目标市场运用各种媒体,做相同内容的广告。主要目的是告知企业将要召开展览会,能提高潜在参展商对展览会产品的了解,并且使之具有一定的知名度,为创造展览会品牌做铺垫。

差别市场广告策略。办展机构针对展览会的特点和所属的细分市场,运用不同的媒体,做不同内容的广告。对于专业性的展览会的营销,一般采取这种策略。运用这种策略有利于突出展览会的个性特点,满足细分市场的特殊需要,达到扩大销售的目的。

集中市场广告策略。这是指在一定时期内,办展机构运用广告,集中力量在已细分的市场中的一个或几个目标市场上进行宣传。这种集中市场广告策略,只追求在较小的细分市场上有较大的份额,使用于财力有限的办展机构。

三要选择广告时间,即办展机构选择广告推出时间相对于展览会营销阶段时间先后而言的策略,一般有提前推出、即时推出、延时推出3种。提前推出策略目的在于事先制造声势,先声夺人。这种策略在展览会市场适用较广泛,它在展览会招展时就已广泛地使用,一直持续到展览会的召开。这种策略特别适合于服务性和时效性较强的行业。即时推出的策略是指在展览会期间也要进行广告,办展机构力求在办展期间制造出更多的正面新闻,以吸引媒体的注意,对展览会进行报道,提高展览会和办展机构的形象和知名度。延时推出策略是指展览会后,媒体继续关注本次展览的情况,要对它的成交量、规模以及本届展览会的突破做进一步的报道。若有可能还要附上一些参展商和专业观众对展览会的组织和服务的评价。

广告促销的优点是可以很快地把信息传递给很多人,但广告本身不带任何的个人感情色彩,不像人员销售那样有说服力,最多只能与观众进行一种单向的交流,观众不一定注意到,而且成本也比较高。

2)公共关系促销

公共关系促销与一般商业广告有很大不同,它不直接介绍企业的产品,其作用主要是塑造企业形象,促进公众的了解,进而推动商品的销售。从促销方式的角度看,公共关系指的是办展机构有意识、自觉地采取措施,改善公司与社会公众之间的关系状况,增强社会公众对办展机构和展览会产品的了解与支持,树立良好的企业形象与产品形象。办展机构用各种公关活动,诸如新闻发布会、推介会和特别事件来为自己的展览进行宣传,向不同受众传递有关展览会信息,建立办展机构的信誉和形象。公共关系促销手段主要有以下两类:

(1)举办新闻发布会

新闻发布会是办展机构经常采用的一种公关策略,因为它不仅成本低,而且容易取得良好的宣传效果。办展机构在召开新闻发布会时可以着重宣传本次展览与以往比较有什么重大的突破,为参展商提供了哪些特色服务,国际展商的比例等。为了提高新闻发布会的效果和加强在参展商心中的印象,一定要找一个熟悉本届展览会且容易给人信任感、谈吐大方的发言人,否则会适得其反。同时,办展机构可以向新闻媒体投稿或召开记者招待会、推介会,邀请记者写新闻通讯等。

（2）举办各种特殊活动

举办大型展览会开幕式、展览公司周年纪念等活动,通过这些活动可以扩大办展机构的影响,加强同外界公众的联系,树立良好的企业形象,从而可以吸引大的参展商参展。例如,利用名流效应等来扩大展览会的社会影响,以吸引更多的参展商。

3）销售促进

销售促进也称为营业推广,指的是办展机构运用广告、人员推销、公共关系以外的各种短期诱因,在特定的市场范围和时间内,刺激参展商的需求和鼓励购买的促销活动。销售促进具有市场针对性强、短期促销效果明显的特点,使得销售促进手段有很大的发展。

（1）销售促进的手段

①展位折扣。展位折扣即在招展的过程中对一部分展位进行打折销售,折扣的幅度一般从5%~50%,幅度过大或过小均会影响展览会的专业性和权威性,分寸必须掌握得很好,如果运用得不好,很容易适得其反。

②回扣。回扣不同于展位的折扣,它并不在参展商购买展位后立即实现,而是需要一定的步骤才能完成。有时甚至是完全凭私人关系,才可能有价格回扣。折扣往往会公之于众,具有明确的规定,但展位回扣往往不会公布。

③礼品。办展机构为了吸引一些国际知名的企业或行业内龙头企业参展,往往会组织一些专业的研讨会、鸡尾酒会、奖励旅游等作为参加此次展览会的礼品送给这些参展企业。他们的到来,不仅可以提升本届展览会的专业性和权威性,而且行业内的一些小企业,为了在展览会上与大型企业接触,也会积极参加展览。近年来,这种手段越来越普遍。

④费用补贴。办展机构为了鼓励企业参展,往往会在参展价格里减去参展商的路费这一项,以期通过他们进一步扩大市场占有率,扩大会展规模的目标。

（2）会展销售促进的时机

办展机构在进行招展时,不能随便改变价格,尤其是在招展的后期不能轻易打折,以免在以后的招展工作中养成参展商的观望态度。因此,对于展览会这样一种特殊的服务性产品,销售促进策略的使用时机与注意事项都值得研究。

首先,在使用展位打折时一定要公开打折的标准,而且对于所有参展商的条件要一致,以免引起招展价格的混乱。打折策略对于展览会这样一种不可储存的产品来说,不能等到招展最后再使用,而要利用一些特殊活动,给予参展商一定的折扣优惠,这样是从公司展览会的正面去打折,只会提高办展机构和展览会的形象,而不会使人对展览会的水平产生怀疑。

其次,给予国际知名企业、国内的龙头企业一些价格上的优惠,以及为他们提供一些免费的活动,是一举两得的事情。这样的促销手段可以大加使用,但要注意办展机构自己的实力和财务承受能力。

一般情况下,不要使用回扣策略,回扣策略只适用于办展机构的一些老客户,例如,连续3年参展且形象好的企业,为了留住老顾客,鼓励他们继续参展,可以使用这种方式。但同时也要注意回扣的大小,是否给回扣定一个上限,回扣按参展年限逐年平均递增还是不规则递增,都是办展机构应该考虑的问题。

对于在淡季举办和刚刚起步的展览会,办展机构往往使用一些销售促进手段以增加展位的销售量,也要注意销售促进手段的使用艺术和技巧。

总之,使用促销组合的目的是通过各种形式的信息沟通来引发、刺激参展商产生购买欲望直至发生购买行为,使招展工作顺利完成。促销组合内的各个工具分别有着不同的影响力,例如"公共关系"可形成参展商对办展机构或展览会的好感,但在展位的购买影响力上就显得较弱,这就要求营销部门在运用促销组合时,需要充分考虑不同客户的消费习惯,根据展览会的宣传阶段及其办展机构自己的实力灵活调配,整体互补以达到相得益彰的效果。

【实训项目6-3　香港国际艺术节营销策略研究——步骤3】

2020年香港巴塞尔国际艺术展线上举办

新冠肺炎疫情期间,2020年香港巴塞尔艺术展开创了线上观展模式,线上观展除了可以感受新颖的艺术体验,更顺利维持了艺术界之间的联系和娱乐性。香港巴塞尔艺术展提供线上展厅,于2020年3月20—25日开放,展出来自全球235个画廊的2 000多件艺术品,共吸引超过250 000个虚拟访客,是成功的线上艺术展。

【实训追问】

1. 香港巴塞尔艺术线上展能够取得成功的因素有哪些?
2. 线上展主要采用的营销手段有哪些?艺术展适合线上展和线下展结合的模式吗?
3. 展望之后的香港巴塞尔艺术展的营销模式,探讨其可以在哪些方面取得更多的突破和创新?

活动4　展览产品定价

展会价格的高低直接影响着参展商的参展成本,在其他条件一定的情况下,参展商总是选择价格最低的展览会。因此,展览价格是展览会竞争力的重要组成部分,在很大程度上影响展览产品在市场上的竞争力。

展览产品的价格主要包括以下几个部分:展位价格、指定运输商的运输费和指定展位搭建商的搭建费。一般情况下是办展机构和参展商双方协商的结果,办展机构先预付这部分的费用,而这部分费用转嫁到展位费中,最后一并向参展商收取。办展机构为了尽量降低自己展览产品的成本,会与指定运输商和指定展位搭建商谈判使这两种费用降到最低,吸引参展商来参展。这样,办展机构能决定的展览产品的价格就剩下展位价格了。

1)影响办展机构定价的因素

办展机构在给展览会产品定价时应该考虑企业当时的内部环境和外部环境因素。一般来说,影响办展机构定价的内部因素包括办展机构本身的定价目标、办展机构自身的条件;影响定价的外部因素一般有竞争者的价格、产品周期等。

(1)定价目标

企业在制定价格时总是为了达到一定的目标或目标组合,把目标要求贯彻到具体的策略中。企业经营目标中与价格策略有关系的就是定价目标了。对于办展机构来讲它的定价目标有:

①利润目标。毋庸置疑,利润是每个出资人对企业运作的基本要求,价格策略中也会反映利润要求。办展机构的利润要求通常是指它的短期最大利润,即办展机构举办此次展览的主要目标就是为了获利,同时实现最大化。

②增加市场份额,提高市场占有率。办展机构有时为了扩大自己展会的市场占有率,扩大展会在本行业的影响力,可以暂时地放弃一些利润,而把价格定得比较低,甚至低于展会成本,以吸引较多的参展商来参加。

③办展机构的生存目标。当一个实力不是很强的展览公司刚进入市场时,为了生存,不会将展览会的价格定得太高,而会小心翼翼地跟随行业中大的展览公司的价格定价。它的注意力不在于利润,而是尽可能地为自己赢得生存空间。

(2)办展机构自身的条件

办展机构的自身条件是指它在该行业的影响力,包括办展机构的企业形象、品牌、办展资历和资金实力等。当办展机构在行业中处于龙头地位时,制定价格时就有一定的自由度和决定作用;当办展机构刚刚进入本行业时,制定价格时就应小心地跟随本行业实力雄厚的展览公司制定。

(3)竞争者的价格

现在展览会市场的竞争已经非常激烈了,所以,办展机构在制定展会价格时就要考虑竞争对手的价格,在分析竞争对手展览会的基础上,研究它的价格会对自身产生什么样的影响,同时做出积极的应对方式。

(4)产品周期

展览会产品周期与行业发展的周期紧密相关。当行业处于起步阶段且有很大的发展空间,这时市场上同类展览会不是很多,那么办展机构就可以将展览会的价格定得高一点,获取办展的超额利润;当行业发展到一定的阶段,产生了较多同类型的展览会,这时办展机构只能维持当前的价格水平,获取办展的平均利润;当行业已经开始走下坡路时,即产品市场开始萎缩时,办展机构要么放弃此类展览会,要么对展览会做出重新定位或转向。

2)几种常见的定价方法

办展机构在综合考虑自己的内外部环境,并且确立自己的定价目标以后,就要选定定价方法了。常见的定价方法有成本导向定价法、需求导向定价法和竞争导向定价法。

(1)成本导向定价法

成本导向定价法是以产品的总体成本为定价的中心依据。成本导向定价法由于考虑的因素相对简单、实施简便,成为企业常见的定价方法。成本导向定价法又分为3种:成本加成定价法、目标收益定价法、边际成本定价法。

①成本加成定价法。成本加成定价法是指产品的价格由产品的成本加上某一标准比例(或成数)构成。典型的做法是:首先,估计单位产品的成本。由于单位产品的成本会随着产量的变化而改变,因此通常根据企业生产能力的2/3~3/4的产量水平来核定单位成本。其次,在此成本的基础上加成一定的百分比作为价格,而这加成了的百分比就是企业利润。许多企业会事先确定自己期望的目标利润率,并以此作为加成率。其计算公式为:单位展位加成价格=单位展位成本×(1+加成率)。还有一种方法就是以销售价位基

础加成:单位展位加成价格=单位展位成本/(1-加成率)。

成本加成定价法有利于稳定价格,且计算简单方便,还能为价格变动提供适当理由。但成本加成定价法的缺点是价格是根据成本计算出来的,并没有考虑需求状况。另外,在应用中,多数情况是把共同成本全部分摊给企业生产的各种产品,由此可能会导致分析得出的价格欠准确。

②目标收益定价法。目标收益定价法与成本导向定价法的主要区别在于:第一,前者是根据预计的销售量倒推出单位展位成本,后者却不管销售量如何,先确定展位成本;第二,前者的办展收益率是办展机构按照需要和可能自行制定的,后者是按照展览业的习惯标准制定的。目标收益定价法常用的有收支平衡定价法和投资收益率定价法。

A.收支平衡定价法。收支平衡定价法是根据展位的数量,并能使办展机构取得一定利润的前提下制定价格的方法。该方法是根据盈亏平衡点公式计算出平衡点的展位价格,是办展机构不亏损的最低价格,即保本价格。不同预期的销售量,对应着不同的收支平衡价格。办展机构可以根据这一标准,结合预期盈利,选择适当的定价。

B.投资收益率定价法。投资收益率定价法是先按照办展机构的投资总额确定一个资金利润率,然后按照资金利润率计算目标利润额,再根据总成本和计划销售展位数量及目标利润算出展位的价格。这种方法有利于保证实现既定的资金利润率,但是这种方法只有市场占有率很高的办展机构才会采用。

③边际成本定价法。展览产品的边际成本是指展览会增加一个展位时所带来的总成本的增加。边际成本定价要充分地考虑到展位的规模效应,并且在展位增加所引起的追加成本的基础上制定价格。

(2)需求导向定价法

需求导向定价法是以市场需求的大小和消费者反映的差异为定价的中心依据,是最符合市场经济要求的定价方法。它主要以展览市场导向为指导,以参展商对展览会的价值理解和认识程度为依据,并以他们所乐意接受的价格来制定展览会产品的价格。常用的方法有理解价值定价法和区别需求定价法。

①理解价值定价法。参展商对展览会往往有自身的价值观念,这种价值观念实际上是参展商对参加展览能给自己带来的效益衡量的。当他们认为参加展览能起到提升企业的形象、推介自己的产品和达到自己的预期的目标时,就会评估展览会的价格。我们把他们认为性价比合适时的价格叫理解价值。理解价值定价法是一种先估计和测定此次展览会在参展商心中的价值水平,再以此为依据制定出展览会价格的方法。

②区别需求定价法。区别需求定价法又叫差别定价法,就是指一个展览会产品,在特定的条件下,可以按照不同的价格出售。其主要形式有:以参展商的差异为基础的差别定价,对于行业内有影响力的参展商和一般的参展商要求不同价格,因为他们对于提升展览会地位作用不同;以数量差异为基础的差别定价,展览面积定得越多的参展商得到的优惠就会越多;以地域差异为基础的差别定价,我国现在对于国内和国际参展商实行价格双轨制;以时间差异为基础的差别定价,预订展位越早的参展商得到的优惠越多。

(3)竞争导向定价法

竞争导向定价法是以竞争者产品的特性与价格为定价的中心依据。它根据竞争双方的力量对比等情况,办展机构制定比竞争者的价格或高或低的价格,或相同的价格,以达

到增加利润,扩大展位销售量或提高市场占有率目标的定价方法。其常用的方法有以下两种:

①随行就市定价法。办展机构制定与同行业展览会产品相同的价格。如果某行业的展览会产品竞争激烈,而且展览会之间没有很明显的优势对比,且展览会产品需求弹性较小,这是一种比较稳妥的定价方法。

②追随领导企业定价法。有的办展机构为了应付或者避免竞争,或者为了稳定市场以利于长期经营,采用以同行业中影响最大的办展机构的价格为标准来制定本企业的商品价格。

3)几种定价策略

产品定价策略主要有新产品定价策略、产品组合定价策略、折扣与折让策略、差别定价策略、心理定价策略和促销定价策略。定价策略在产品生命周期的不同阶段经常要改动,做出一些调整。以下是几种定价策略在展览会产品市场的具体应用:

(1)对于新开发的展会定价策略

当办展机构通过一系列的市场调研,开发出针对某一细分市场的展览会产品,这时市场上没有相同的展会,且该行业在未来的几年内是它的大幅度的成长期,那么可以运用以下的价格策略达到办展机构的目标。

①市场撇脂定价法。使用市场撇脂定价法需要满足以下几个条件:第一,新的展览产品着眼于细分市场的空白,能吸引参展商的兴趣;第二,市场上尚无代替品,更多的竞争者在短期内难以加入;第三,市场价格敏感度低,需求弹性小,顾客对该展览产品有很高的需求并愿意出高价购买。因此,办展机构将新的展览会产品投放市场之时,可以以较高的定价通过满足这些"消费先锋"的需求,尽快地收回展览会产品的研制和推广成本。

办展机构还可以通过使用专利权、品牌和商标等方法阻止提供低价展览会的竞争对手的进攻,维持长期利润。对新展览产品采用这种高价方法有利有弊,有利的一面是,办展机构可以在短期内回收投资,并成为该行业展览市场的领先者;展览会逐渐为参展商接受,大量竞争者涌入时,根据市场情况的变动,及时改变策略实施降价也比较容易,不会造成大损失。弊端在于高价带来的风险也很大,因价格高,往往会有大量竞争者加入,加剧了竞争程度,也相对缩短该展览产品生命周期,迫使价格很快下跌。

②市场渗透定价法。市场渗透定价法和市场撇脂定价法相反,它是以低价为特征的。办展机构通过制定一个相对低的价格,来吸引大批参展商参展,从而赢得较大的市场份额,其目的是获得最高展位销售额和最大的市场占有率,而较大的销售额又可以进一步降低价格。新的展览产品采用市场渗透定价应具备的相应条件:第一,参展商市场对新开发的展览产品的价格需求弹性大,一个相对低的价格能刺激更多参展商参展;第二,低价打开市场后,办展机构在展会规模和成本方面树立优势,能有效排斥竞争者的介入,长期控制市场。

(2)产品组合定价策略

当产品只是某一产品组合的一部分时,企业必须对定价方法进行调整,研究制定产品组合价格,使整个产品组合的利润实现最大化。对于展览会产品来说,产品组合价格包括展位价格(已包括指定运输商和指定展位搭建商的代理费用),各种论坛、专题研讨会的价格。而后者又是展览会产品的附属产品,这时办展机构可以考虑使用附属产品定价法,即可以将主体产品(展位)的价格定得较低,而把附属产品(各种会议)的价格定得高些。前者用于吸引大量的参展商参展,后者用于赢利。

(3)价格折扣与折让

办展机构通常在基本定价之外,会给予参展商一些特别价格,以鼓励他们提早付款、大量购买或在淡季购买等对公司有利的行为。参展商参展需要在展览会开始一年或更长的时间内预订展位,所以办展机构为了有效地降低办展风险,完成招展任务,通常会实施一定的价格折扣与折让。

折扣与折让的价格调整政策包括五种:现金折扣、数量折扣、季节性折扣、折让、功能性折扣。

①现金折扣是指参展商如果在一定的时间期限内确定参展并预付定金,办展机构会给予他们一定的价格折扣。对于办展机构来说,参展商越早确定参展,并且预付定金,那么招展工作就会越顺利,办展的不确定性就会越小,从而风险也会越小。

②数量折扣是指办展机构鼓励参展商大面积购买展位所给予的折扣。当参展商大面积购买展位时,为了回报他们的这种行为,同时鼓励其他参展商大面积购买,可以适当地给予他们一些优惠。

③由于展览会受季节的影响很明显,为了保证展览淡季办展机构的利润维持在一个比较稳定的水平上,常常会对在展览淡季参展的参展商给予一定的优惠,弥补他们季节上造成的损失。

④折让是一种变相的减价形式,但这种方法在展览会的招展工作中不应大量使用,尤其是在招展工作后期。因为如果办展机构为了使所有展位顺利地销售出去,使用这种方法的话,就是对提前交了定金的参展商的打击,还使所有知道在展会招展后期可以得到价格折扣的参展商采取观望的态度,不利于以后的招展工作。

⑤功能性折扣。中间商在产品分销过程中所处的环节不同,其所承担的功能、责任和风险也不同,企业据此给予不同的折扣称为功能性折扣。对生产性用户的价格折扣也属于一种功能性折扣。功能性折扣的比例,主要考虑中间商在分销渠道中的地位、对生产企业产品销售的重要性、购买批量、完成的促销功能、承担的风险、服务水平、履行的商业责任以及产品在分销中所经历的层次和在市场上的最终售价等。功能性折扣的结果是形成购销差价和批零差价。鼓励中间商大批量订货,扩大销售,争取顾客,并与生产企业建立长期、稳定、良好的合作关系是实行功能性折扣的一个主要目标。功能折扣的另一个目的是对中间商经营的有关产品的成本和费用进行补偿,并让中间商有一定的盈利。

(4)细分市场定价

细分市场定价实际上是差别定价的具体应用。它是指办展机构以两种或多种价格销售展位和服务,尽管这些价格的差异并非以成本为基础。它有几种具体的表现形式:消费者子市场定价,即不同的消费者付不同的价格;地区定价,不同地区的消费者定不同的价格,例如有的展览会为了激起西部参展商的参展热情,通常会对西部12省市的参展商实行价格优惠,鼓励他们参加展览,但除此之外,都按别的价格付款;时间定价,不同的时间定不同的价格。

细分市场定价策略需要满足以下的条件:展览市场必须是细分的,不同的子市场在需求上必须有差别;同时严格界定细分市场的标准,即只有符合某某条件才能享受价格优惠,其他则不行;对于售价较高的市场,其他竞争者不会很容易地侵入。

（5）心理定价

一般情况下,消费者在购买商品以前,都会事先通过种种信息渠道得到有关此类商品的一些信息(包括价格、规格、质量等),然后根据这些信息及对于这件商品的直观了解,在心里先衡量这个东西到底值多少钱。这个价格就是我们常说的心理价格。

心理定价策略就是根据消费者这种心理所使用的定价策略,依据不同类型的消费者在购买商品时的不同心理承受能力来制定价格,以刺激消费者增加购买量。心理定价策略包括以下5种:

①整数定价法。即在定价时把商品的价格定成整数,不带尾数,使消费者产生"一分价格一分货"的感觉,以满足消费者的某种心理。

②尾数定价。尾数定价是指在商品定价时,取尾数而不取整数的定价方法,使消费者购买时在心理上产生便宜的感觉。

③分级定价。在定价时,把同类商品分为几个等级,不同等级的商品,其价格有所不同。这种定价策略能使消费者产生货真价实、按质论价的感觉,容易被消费者接受。在展览会经常见到,由于展位位置不同,价格也不同。

④声望定价。声望定价是指在定价时,把在顾客中有声望的商店、企业的商品价格定得比一般的商品要高,是根据消费者对某些商品、某些商店或企业的信任心理而使用的价格策略。它其实是品牌内在价值在价格上的外在反映。

⑤习惯性定价策略。有些商品在顾客心目中已经形成了一个习惯价格,这些商品的价格稍有变动,就会引起顾客不满,提价时顾客容易产生抵触心理,降价会被认为降低了质量。因此,提醒办展机构一旦确立了某个展览会的价格,就不要随便调整,这样会有利于展览会的以后发展;否则,也会导致参展商采取观望态度,直到最后才会决定是否参展,对展会的招展工作造成不利的影响。

（6）促销定价策略

促销定价策略是指企业在某一特定的时间为了达到一定的销售业绩,而将产品的价格制定得低于平时标准,甚至低于产品的成本。例如,有的商家在圣诞节前后会进行大幅度的打折活动,以吸引消费者购买。有的商家还会采取现金返还和优惠券的方式,但归根结底这都是促销的方式。

这种促销方式的关键是要掌握好促销的时间,同样是给予参展商优惠,只能放在招展的初期或上一届参展会结尾,而不能放在招展的末期,前者可以刺激参展商早点做出决定,有助于招展工作,后者则助长了参展商的侥幸心理,不利于招展工作的进行。另外,促销策略不应该经常使用,如果使用太频繁,就有可能制造一批"有优惠倾向"的参展商,他们在降价前是绝不会购买的,同时会使展览会本身在参展商心中贬值,对展会的长远发展不利。

【实训项目6-4 制定门票价格——步骤4】

2019年第7届香港巴塞尔艺术展邀请来自36个国家地区、242家顶级画廊参展。Art Basel HK作为巴塞尔艺术展每年三地展览的第一站,已经成为亚洲影响力最大的艺术展会。预购及现场门票价格(港币)如下：

开幕之夜

3月28日(5:00 pm—9:00 pm)：$850(预购)；$950(现场)

1天门票

3月29日：$300(预购)；$375(现场)

3月30—31日：$400(预购)；$475(现场)

半天门票

3月29日(4:00 pm—8:00 pm)：$250(预购)；$300(现场)

3月30日(4:00 pm—8:00 pm)：$350(预购)；$400(现场)

3月31日(2:30 pm—6:00 pm)：$350(预购)；$400(现场)

2天门票

3月29—30日：$600(预购)；$750(现场)

3天门票

3月29—31日：$925(预购)；$1 150(现场)

夜间门票

3月29—30日：$200(预购)；$250(现场)

尊尚门票

3月28—30日：$2 880

尊尚门票，享有更多的优惠，凭票可出席香港展会"开幕之夜"、2天公众开放日，包括贵宾优先时段，尊享"光映现场"录像放映，导赏活动的优先预订服务，以及可享有前往中环的贵宾穿梭巴士服务。

优惠门票

优惠门票适用于全日制学校学生、伤健人士(与一位同行人士)及65岁或以上之长者。票价比标准门票便宜$100／日。5岁及以下儿童可免费随成人入场，婴儿车可入场。

学校团体门票

只适用于3月29日下午1:00 pm—6:00 pm：$150（预购）；$200(现场)

所有学校团队须办理登记手续。学校团体票只适用于幼儿园至中学团体，大专以上学院团体请购买优惠门票。

开放日期及时间：

展览时间：2019年3月27—28日(仅限邀请人士)

2019年3月29—31日(公众开放日)

展览地点：香港会议展览中心(香港湾仔港湾道1号)

贵宾预展(只限获得邀请人士出席)

2019年3月27日(星期三)2:00 pm—8:00 pm

2019年3月28日(星期四)1:00 pm—5:00 pm

开幕之夜(只限获得邀请人士出席)

2019年3月28日(星期四)5:00 pm—9:00 pm

公众开放日

2019年3月29日(星期五)1:00 pm—8:00 pm

2019年3月30日(星期六)1:00 pm—8:00 pm

2019年3月31日(星期日)11:00 am—6:00 pm

【实训追问】

1. 2019 年香港巴塞尔艺术展的门票价格分为几个档次,分别针对哪些人群?

2. 根据以上内容谈谈香港巴塞尔艺术展在对外展览期间,在场次安排上为什么要进行接待对象的区别,这样做有什么好处?

【实训项目总结评分——学生互评与教师点评】

表 6-4　项目总结评分表

大类指标	指标分解	指标分值/分	学生互评/分 (权重30%)	教师评分/分 (权重70%)	总分 /分
项目控制系统设计	系统合理性	15			
	结构逻辑性	10			
进度控制甘特图	图例准确	15			
	图例美观	10			
质量控制计划	计划合理	15			
	有逻辑性	10			
质量检查表	指标合理	15			
	完整、准确	10			

项目 7
开展节事营销

【案例导入】

中国·哈尔滨国际冰雪节

图7-1 哈尔滨国际冰雪节

图片来源:新浪博客

中国·哈尔滨国际冰雪节是在哈尔滨市冰灯游园会的基础上发展起来的中国第一个以冰雪为载体的地方性节庆活动,创办于1985年,初名哈尔滨冰雪节,2001年第17届提升为中国·哈尔滨国际冰雪节。

哈尔滨国际冰雪节是世界上活动时间最长的冰雪节,它只有开幕式——每年的1月5日,没有闭幕式,最初规定为期一个月,事实上前一年年底节庆活动便已开始,一直持续到2月底冰雪活动结束为止。其间包含了新年、春节、元宵节、滑雪节4个重要的节庆活动,而冰雪节中又包含冰雪电影艺术节和泼雪节。可谓节中有节,节中套节,喜上加喜,多喜盈门。

哈尔滨国际冰雪节与日本的札幌雪节、加拿大的魁北克冬季狂欢节和渥太华冬乐节被誉为世界四大冰雪盛典,是我国冬季旅游走向世界的一张靓丽名片。2018年第34届冰雪节期间实现旅游收入334.67亿元,同比增长16.73%。

资料来源:腾讯新闻

【实训项目7-1 任务准备——步骤1】

表7-1 学生分组表

小组名称	学生人数
市场调研组	
广告宣传组	
公共关系组	
后勤组	
⋮	

编制哈尔滨国际冰雪节营销项目进度控制甘特图,完成表7-2。

表7-2 甘特图举例

	工作内容	人员	7月		8月
			中旬	下旬	上旬
市场调研	市场分析				
	问卷调查				
	竞争分析				
	撰写报告				
	⋮				
广告宣传/公共关系	项目营销预案				
	进行展会前期宣传				
	社区形象宣传				
	展会招商招展				
	开幕式工作				
	展会客户关系管理				
	新闻发布会				
	⋮				
后勤	现场管理及维护				
	媒体协调				
	⋮				

任务1 界定节事活动产品

节事活动是一种特殊的旅游和会展种类,它主要是指以各种节日、盛事的庆祝和举办为内容的专项旅游会展产品。在大会展 MICEE 的概念中,节事包括各类旅游节日、庆典、盛事、国际体育比赛活动等。事件营销(Event Marketing)也是国内外十分流行的一种公关传播与市场推广手段。事件营销包括各类主题大赛、产品演示会、赞助仪式、庆典节庆活动等。它通过吸引媒体、社会团体和消费者的兴趣与关注,以求提高企业或产品的知名度、美誉度,树立良好自身形象,并最终促成产品或服务销售。事件营销还是塑造和推广旅游目的地形象的重要方式。

活动1 讨论节事营销的价值

通过节事营销可以扩大举办国的影响,提高举办城市的知名度,促进举办城市的市政建设,吸引众多旅游者,给举办城市的旅游业、餐饮业、商贸服务业带来无限商机。节事活动彰显的特色文化和艺术魅力,是举办地精神文明的重要体现。人们通过参加节事活动了解相关知识,感受多样文化,融入欢乐氛围。

举办节事活动的目的不仅仅在于吸引旅游者、消费者、赞助商、承包商等参与者,还在于成功举办后所能带来的多种牵动效应。尤其是大型节事活动,对国家、地区或城市的发展产生难以估量的推动作用。

1)经济功能

(1)促进旅游业的发展,削弱淡旺季的差别

节事活动针对的是休闲和商务两大旅游市场,所以它产生的经济效益更大。如奥运会不仅是国际体育界的一次聚会,也同样是大规模的世界盛事,它吸引的不仅是运动员、教练员、各国政府体育部门的官员、各类体育用品和消费品的供应商,也同样吸引了世界各国的人们。事实证明,奥运会的成功举办不仅能推动旅游业的发展,而且更能对一个主办城市和地区的经济发展产生难以估量的整体推动作用,其经济效益远远大于一般的会议和展览。奥运会不仅向世界展示了举办地的风土人情,同时也向世人证明了举办国拥有成功举办世界级大型活动的基础设施、专业技术和能力,这是奥运会对举办地成为会议和奖励旅游目的地的重要影响之一。以2016年巴西奥运会为例,奥运会为巴西注入了发展动力,推动并实现了被搁置多年的城市建设计划,包括一条地铁线、一条近100英里(1英里=1.609千米)的快速公交车道和17英里的轻轨系统,以及新建的学校和医疗诊所。

另外,由于季节、地理位置、气候条件、假期等因素的影响,旅游目的地的旅游活动具有明显的季节性。从实践来看,通过本地旅游资源、民俗风情、特殊事件等因素的优化融合,举办别出心裁、丰富多彩的节事活动,一方面可以吸引游客,另一方面可以调整旅游资源结构,为当地旅游业的发展提供新的机会,延长旅游旺季,并能较好地解决旅游淡季市场需求不足的问题,甚至形成一个新亮点。如在哈尔滨国际冰雪节期间,市内各大宾馆的入住率比平时普遍提高了30%~50%。

(2)带动相关产业的发展

节事活动一般都有主题,配合这一主题的生产厂家或者整个产业都可以在节事活动中获得经济收益。如每一届的大连国际服装节,都迎来了大量的海内外服装厂家、商家、设计师和模特的光临,各类表演活动、发布会、展览馆、洽谈会,激发了本地服装业及相关产业、生产厂商的创新意识,为他们提供了商务交流的平台,蕴涵了巨大商机。由于服装节的举办,大连的服装交易和投资与日俱增,带来了巨大的直接和间接的经济效益,推动了本地的服装业、展览业和商贸服务业、旅游业的发展。节事活动商品的开发使得地方工艺品和土特产品等重新得到重视,带动了传统艺术和相关产业的挖掘、保护、培植和开发。

(3)改善城市基础设施

举办节事活动,可以极大地促进城市的交通、通信、城建、绿化等基础设施和配套设施

的建设,美化城市环境。例如,北京为举办 2008 年奥运会,2007 年年底,北京提前实现了申奥时的承诺——星级饭店达到了 806 家,在全国各城市中居于首位。兴建了包括鸟巢和水立方在内的 8 个体育场馆;26 个奥运文化广场投入使用;2004 年,地铁 13 号线和 8 号线开通;2007 年 10 月,地铁 5 号线开通;在 2008 年之前,地铁 10 号线 1 期、奥运支线、机场线建成通车,北京地铁建成线长达 198 千米。截至 2019 年 12 月,北京市轨道交通路网运营线路达 23 条,总里程 699.3 千米,车站 405 座(包括换乘站 62 座)。

(4)具有很强的后续效应

节事营销给举办地带来的效应不仅仅局限于当时。举办地的人们通过节事活动获得了大量的信息,挖掘出了大量的商机,相当于参加了一次免费的交流会;举办地改善了当地的基础设施,优化了社会公共环境,创造了良好的投资环境,给参加节事活动的人们留下了好印象,培育了一批潜在的投资者。比如,作为 1999 年昆明世界园艺博览会分会场的中国丽江国际东巴文化艺术节,吸引了众多的国内外旅游者,在之后的几年里,丽江的旅游业突飞猛进,并迅速赶超了开发旅游较早的西双版纳傣族自治州。

2)社会功能

(1)文化和历史彰显恒久魅力

节事活动对于弘扬传统文化,彰显传统文化的丰富内涵和个性,进一步密切国内外文化交流与合作,促进文化的传承、发展和经济社会全面进步,具有积极而深远的影响。如山东曲阜利用几千年的文化积淀,创办了国际孔子文化节,将当地已沉睡了几千年的历史遗迹活生生地再现出来,使传统文化焕发了活力。美国的调查显示,文化遗产旅游比其他类型旅游增长快两倍,喜欢文化旅游的游客通常受过良好的教育。文化遗产旅游不同于单纯的观光旅游,其经济效益较高,平均每次文化遗产旅游花费 623 美元,高于常规游客 457 美元的平均水平。

(2)提高举办地知名度

旅游地形象的塑造是一个综合的系统工程,大型节事活动对目的地形象塑造和改善起到决定性作用,是其他营销手段所不能比拟的。例如,1964 年东京奥运会和 1972 年慕尼黑奥运会,主办城市所在国日本和联邦德国均利用奥运会扭转其第二次世界大战中遗留的不良形象,取得了积极的效果。悉尼的"绿色奥运会"为悉尼乃至澳大利亚塑造了可持续发展的积极形象,澳旅委认为悉尼奥运会使澳大利亚的形象塑造向前推进了 10 年。

成功节事活动的主题能够成为举办地的代名词,使得节事活动与举办地之间形成一种很强的对应关系,能够迅速提升城市知名度。海南省的博鳌在建成国际会议中心后,以其良好的生态和人文治安环境,吸引着众多海内外会议组织者,博鳌亚洲论坛使得博鳌乃至整个海南的知名度大大提高,其会展业也成为海南省经济发展新的增长点。

(3)给参与者带来精神上的愉悦

一位希腊学者曾经说过:"过节没有别的,就是欢乐。"首先,节事活动的参与对大多数人来说,是日常紧张而忙碌工作后的一种逃逸、休闲和享受,适当的放松不仅有益于身心健康,而且也在欢乐之后提高了工作效率;其次,节事活动可以采用一切可能的形式让感情得到自由的宣泄,使参与者精神愉快,从而更加爱生活,大大提高工作的主动性和创造力,提高人们的生活质量。

【实训项目 7-2　节事意义探讨——步骤 2】

当你有意举办哈尔滨国际冰雪节,首先要知道该项目有没有举办的价值。冰雪节开办后,冰雪节经济贸易洽谈会简称冰洽会,每年吸引来自近 50 个国家和地区的客商参会参展,已经成功举办了 36 届,2018 年旅游收入 334.67 亿元。但是,经济效益并不是冰雪节价值的唯一体现,你现在的任务是找出该节事的其他价值,可参考以下网站:

冰雪节经济贸易洽谈会官方网站

哈尔滨国际冰雪节专题网站

哈尔滨文化产业网

哈尔滨冰雪大世界官方网站

哈尔滨太阳岛官方网站

【实训追问】

1. 从各种渠道搜集资料,填写表 7-3。

表 7-3　哈尔滨国际冰雪节的价值

届数	基础设施的改进	旅游业的促进	相关产业的发展	冰雪文化的挖掘	冰洽会的交易额	哈尔滨乃至黑龙江形象的树立	当地民众受益(物质和精神方面)
2015							
2016							
2017							
2018							
2019							
2020							
⋮							

2. 设计一份关于哈尔滨国际冰雪节的调查问卷,调研你身边的亲朋好友中有多少人愿意参加冰雪节,原因是什么?

3. 找出我国还有哪些冰雪节,它们对哈尔滨国际冰雪节构成威胁吗? 还可以进一步讨论世界上其他冰雪节的营销情况。

活动 2　客户采购行为分析

由于营销理念、营销实践和执行力等方面的欠缺,不少国内企业在参与节事营销中仍有较多遗憾。世界奥运营销大师麦克尔·佩恩针对北京奥运会中国赞助商的表现评价道:"中国赞助商中,那些有创意、有水平、真正能够在奥运营销史上留下一笔的作为寥寥无几。"如何找到节事营销的兴奋点,是众多参展商、赞助商困惑的方面:

1）跳出误区，因时因地制宜

利用节事营销就一定是好的营销吗？节事营销在城市或企业的各个发展阶段都适用吗？节事营销就是为了提升城市或品牌的知名度吗？如果事件影响的不是企业、城市的目标客户群，如果事件与企业、城市的品牌形象不吻合，如果企业、城市的品牌形象比事件更强，就没必要进行节事营销。

在事件尤其是大事件正式发生之前或之后，通常有较长的时间供企业、城市开展营销活动。由于目标受众在不同的时间段对大事件有不同的认识和期待，企业、城市应结合事件本身的阶段性和不断变化的公众兴奋点分阶段实施。比如可口可乐赞助北京奥运会，就通过三个阶段演绎其整体目标："自豪、祝福""关注、参与"和"庆祝"，可谓因时制宜。

每一个大事件都有其品牌特性，当一个大事件的品牌特性与企业、城市要树立的品牌形象一致时，才可以借其东风。例如，世博会的品牌特性是"创新"，因为每一届世博会都展现了人类在科技、文化、经济等方面的最高成就和最新发展，人们将世博会与"创新"紧密相连。如果想树立创新的形象，世博会就是一个绝佳舞台，可谓因地制宜。评估赞助节事品牌形象的影响力，将企业品牌和节事品牌联系在一起是否可以创造"溢出"效益。如果企业品牌形象比赞助节事更强，赞助投资所带来的回报价值较小，则不应赞助。

大型节事活动的举办往往需要硬件场所的配套，也出现过节事场地的闲置和浪费现象。但随着节事活动的内容和形式越来越多元和灵活，用来举办节事活动的场地的选择可以因地制宜，考虑旅游景区、已建成的会展中心和体育馆等公共建筑设施，以及公园、绿地等公共休闲设施等。例如，2018 年淘宝造物节选在杭州西湖举办，2019 年青岛国际啤酒节选在青岛世纪广场啤酒城举办。

2）摸准兴奋点，巧妙参与其中

首先，要评估节事营销对目标市场的影响程度。特定节事是否能够有独特的影响市场的机会，且是一般媒体提供不了的。日本丰田曾经赞助 2005 年爱知世博会，通过丰田企业馆内的机器人的高科技表演，向近 300 万游客展示了丰田的技术实力，增强了消费者对丰田的好感和认可度，而且丰田建造的场馆得以长久保留，成为最佳的品牌展示点。这些都是丰田赞助爱知世博会得到的独特机会。另外，高德软件是 2010 年上海世博会唯一授权和指定的导航电子地图及应用服务项目赞助商。这是世博会 150 多年历史上唯一的导航电子地图赞助。

其次，要摸准兴奋点，并参与其中，比如可口可乐赞助奥运会的例子中，在"自豪、祝福"的第一阶段，公众的兴奋点是沉浸在申奥成功的喜悦中，可口可乐在第一时间推出了"金色的喝彩"纪念罐，将品牌与奥运紧密结合，提升品牌的影响力；在第二阶段"关注、参与"，公众随着奥运会临近，渴望参与奥运，可口可乐设计了"爽起来"的营销主题，通过奥运明星营造热烈气氛；在最后的"庆祝"阶段，公众的兴奋点是为金牌运动员喝彩，可口可乐为此推出了以"欢庆"为主题的营销活动——邀请奥运冠军举办畅爽地带金牌典礼。

最后，节事营销其实还有内部营销的功能，增强企业内部的凝聚力。以节事营销为契机，激励员工，提高员工的忠诚度、责任感和满意度，从而提高企业内部的凝聚力。

3）戳中兴奋点，实现事半功倍

2019 年澳网，中国品牌百岁山是主赞助商之一，赞助额 840 万美元，表明中国企业认识到了节事营销的独特价值。但作为节事活动主要赞助商的某些企业,在节事活动期间砸重金做电视广告,热闹归热闹,节事营销的主要目的就是帮助企业提高知名度吗?事实上,跨国企业通常借助节事营销设立多个子目标,带来多重商业机会,包括增强企业的影响力、提升品牌形象、促进产品销售、增进与相关利益方的关系以及增强企业内部的凝聚力等。节事营销是企业整体营销的组成部分,应与企业的阶段性业务目标和营销策略相吻合。

另一个问题是,只要大投入就能戳中公众的兴奋点吗?除了电视广告,节事有其独特的营销渠道资源,如 VIP 门票、使用节事会场的权利、与其他赞助商的合作关系等。要充分利用节事的营销渠道资源,制订独特的营销方案。例如,利用赞助所获得的权利开展营销活动,向重要客户赠送门票;利用事件会场进行产品、服务展示;与其他赞助商结成伙伴关系,共同销售产品、服务。如果企业能够将常规营销渠道(广告、促销)与节事特有的渠道充分结合,就能够做到事半功倍。例如,在盐湖城冬奥会上,VISA 利用自己获得的赛事门票权益,推出了"you've got what it takes"抽奖活动,VISA 卡用户刷卡就可以参加门票抽奖活动,将权益和促销巧妙结合,促使消费者习惯刷 VISA 卡。

【实训项目 7-3　节事主题确定——步骤 3】

现在,你下决心开始哈尔滨国际冰雪节营销了,在大家完成分组,并编制哈尔滨国际冰雪节营销项目进度控制甘特图后,参考表 7-4 中历届哈尔滨国际冰雪节的主题,进入下一步。

表 7-4　历届哈尔滨国际冰雪节主题

年　份	主　题	其他主题
2008	冰雪奥运	"风情法兰西,相约哈尔滨"(太阳岛国际雪雕艺术博览会)
2009	激情大冬会 快乐冰雪游	1. "走进太阳岛,共享绚丽芬兰"(太阳岛国际雪雕艺术博览会) 2. "欢乐、梦想、互动"(哈尔滨迪士尼冰雪游园会) 3. "冰雪向前冲"(趣味冰雪运动会)
2010	冰雪庆盛世 和谐共分享	1. "冰雪建筑华章,欢乐相约世界"(冰雪大世界) 2. "雪舞太阳岛,欢乐中国行"(太阳岛国际雪雕艺术博览会) 3. "迪士尼的故事"(哈尔滨冰灯艺术游园会暨哈尔滨迪士尼冰雪游园会) 4. "相聚'伏尔加',冰雪乐无穷"(哈尔滨伏尔加冰雪乐园)
2011	欢乐冰雪 激情城市	1. "童话王国,梦幻世界"(冰雪大世界) 2. "再现·创新·发展"(冰灯游园会) 3. "风情意大利,雪韵太阳岛"(太阳岛国际雪雕艺术博览会、冰灯艺术游园会)
2012	激情悦动 大美冰城	1. "林海雪原、动漫天地"(冰雪大世界) 2. "雪阅俄罗斯、温情太阳岛"(太阳岛国际雪雕艺术博览会、中国"俄罗斯旅游年") 3. "冰雪誉华夏,精美传世界"(冰灯艺术游园会)

续表

年 份	主 题	其他主题
2013	满城冰雪欢乐天地	1."梦幻林海雪原,神奇冰雪动漫"(冰雪大世界) 2."雪的世界·雪的梦想"(太阳岛国际雪雕艺术博览会) 3."欧陆冰雪情·印象哈尔滨"(哈尔滨冰灯艺术游园会) 4."冰雪伏尔加·欧陆风情游"(哈尔滨伏尔加庄园) 5."冰雪游乐园·欢乐嘉年华"(首届哈尔滨冰雪娱乐天地)

【实训追问】

1.你选择该主题的依据是什么?

2.该主题具有营销号召力吗?能戳中参与者的兴奋点吗?为什么?

3.待2021年哈尔滨国际冰雪节官方主题发布后,请对比自己想出的主题和分主题,进行优缺点讨论。

活动3　节事营销策略

根据全球调查,节事营销被看作增加投资回报率的首选营销战略,超过1/4的营销传播预算被用于节事类的营销项目上,其中的一个重要原因是节事预期所产生的投资回报率,比其他传播策略高,节事能在情感和消费者之间提供一个更直接、更能体验得到的关系。

1)整合节事营销传播(IEMC)

整合营销传播(IMC)的开展,是20世纪90年代市场营销界最为重要的发展,整合营销传播理论也得到了企业界和营销理论界的广泛认同。美国广告协会定义其为"一个营销传播计划概念,要求充分认识用来制订综合计划时所用的各种带来附加值的传播手段,如普通广告、直接反映广告、销售促进和公共关系,并将之结合,提供具有良好清晰度、连贯性的信息,使传播影响力最大化"。"整合节事营销传播"基于"整合营销传播",又超越"整合营销传播"。借用全球第一本整合营销传播专著的作者舒尔茨教授的定义,"整合节事营销传播是一种看待事物整体的新方式,它是通过一定的主题重新编排的信息传播,使各类利益相关者在节事参与过程中充分体验,并运用节事管理的独特工具,如商务接待、赞助权利等,来实现提升对品牌、产品、理念和组织的感知和认同"。

相对于整合营销传播,整合节事营销传播拥有以下4个方面的特点:

第一,项目的节事性。IEMC中都有一个明确的节事。

第二,节事的主题性。IEMC中的节事都有一个明确的主题。

第三,参与的体验性。节事在被生产的同时即被消费和体验。

第四,管理的综合性。IEMC对象的普遍性和所涉领域的宽泛性。

2)节事营销的策划思路

在得到一个节事创意后,创作一个成功的设计定位关键是了解节事一些实质性的事情,也就是节事的类型、来宾人数、观众类型、时间、地点、目标、预算等。若拥有客户以往节事偏好的数据库无疑是更有利的,策划需要考虑7个要点:成本、创意、融洽关系、信赖度、决策者、地点、外包。接下来就是展示你的思路,提供的策划书应包括客户参加活动的最初原因,他们将要获得的体验,节事的日程,场地安排等。基本的节事设计需要使用和引用焦点、空间和流程的一套知识。需要注意的是,如果你负责的是功能性节事营销活动的策划,很可能创意设计是最先被牺牲的部分,比如贸易展览、会议、促销展等。但聚会、节庆、婚礼、重大事件,创意设计是使他们与众不同的特征。

任务2 如何为节事营销筹措资金

活动1 识别节事营销的动机和目标

1)识别节事营销的动机

节事营销的动机可以简单概括成一句话:通过节事活动的娱乐性充分调动目标市场的兴奋性。节事营销成功的关键在于提供某种娱乐活动,促使受众走出家门去体验在家里无法获得的感受,因为提供的活动是与众不同并专为受众设计的,而兴奋性是行业领导者、著名城市的外在特质,在制订活动营销计划中要充分考虑。兴奋应成为承诺的一部分,并确保将这一信息通过节事载体传递给公众,进而把兴奋性转化为好感和认同感。

2)实现节事营销的目标

节事营销的目标有以下4个:

其一,树立企业的整体形象,增强企业的影响力。比如,可口可乐在2002年盐湖城冬奥会上推出了100%可生物降解的冷饮杯,并确保将所有的塑料软饮料瓶回收,树立了良好的社会公民形象。

其二,提升品牌形象。通过节事的影响力和形象,以及赞助所带来的排他性权益等,达到与竞争对手品牌形成差异化、提升品牌形象的目的。华为赞助全球多个有影响力的体育赛事,不再仅仅利用价格战提高产品销量,而是更加注重企业形象的塑造,为当地社会的文化和艺术领域做出贡献,从而获得消费者的品牌认同感,达到了"名利"双收的成功。

其三,促进产品销售。通过展示产品和技术实力、标识使用和会期安排权益开展促销活动,提升销售额。从2013年开始,华为推出了"敏捷场馆"解决方案。比如,华为在德国多特蒙德主场西格纳尔·伊杜纳公园球场铺设的欧洲最大的球场无线网络,可以为场内8万余名观众和全体工作人员免费提供Wifi,2014年年初,华为联合AC米兰和阿森纳推出限量版的G7和P7手机,使得其合作从简单的赞助走向了产品的直接定制服务,带动了很多球迷和粉丝购买华为产品。

其四,增进与重要客户的关系。利用会期安排权益等,企业可以维护和增进与相关利益方的关系。作为F1法拉利车队的赞助商,沃达丰邀请自己的重要客户观看F1比赛并和舒马赫一起用餐,有效地巩固了自己与重要客户的关系。

3) 节事活动市场营销组合

节事活动营销是一个运用市场营销组合,通过为参加节事者创造价值,为观众创造体验,来实现节事组织者工作目标的过程。组织者必须强调建立利益相关者互利互惠的关系,才能立于不败之地。节事活动的营销组合也可以概括为4Ps(表7-5),但与传统的营销组合有很大区别。

表7-5　节事活动市场营销组合

项目	节事活动营销组合
产品 (Product)	非实体类产品,主要包括提供的娱乐活动、服务标准、餐饮设施、开展社交活动的机会、消费者参与活动、礼品销售、活动组织者与消费者之间的交流、节事活动在目标市场上的品牌形象等
价格 (Price)	参加节事者和观众认为节事所具有并愿意支付的价值,门票价格只是一方面的反映
促销 (Promotion)	广告形式除了传统的电视、报纸、杂志等,还增加了网络上的抖音小视频、微博、微电影和碎片营销,促销组合包括:礼品销售、公共关系、传单和小册子、赞助商计划
渠道 (Place)	一方面指节事活动举办地点的销售渠道,另一方面指节事活动目标市场的销售渠道

活动2　怎么看节事营销的投入产出回报

要从定量的角度评估赞助节事的投资回报。由于节事赞助往往需要巨额赞助费,再加上后续的市场营销投入,因此企业必须系统性地评估回报,包括品牌提升、总销量的增长、新产品销量的增长等。除了赞助费,节事营销必须投入额外的费用才能"激活"权益。

1) 制定节事营销的预算

国内企业由于在赞助费上投入了巨额资金,因此认为只要利用好获得的免费权益就可以了。麦肯锡的调查结果表明,众多赞助商会把大部分费用用于赞助上,而忽略了激活营销方案的投入。制订周全的、一体化的营销计划,以充分利用节事,赞助方通常要投入赞助费用两倍左右的营销费用才能保证事件营销获得成功。而赞助奥运会,这个比率更是接近4倍。节事营销预算的主要财务类别见表7-6。

表7-6　节事营销预算的主要财务类别及其次级分类

广告	印刷品	公共关系	专家、行业人士
创意、设计	创意、设计	创意	
拍摄	印刷成本	新闻发布会	咨询费
电视	邮寄成本	媒体	出场费
互联网	派发品	社区	

说明:常规的做法是应付意外事故的储备占到整个预算的10%~20%。

这里涉及节事营销利润率(ROEM)的计算:

$$预计的净利润/营销总预算(营销资产) = ROEM$$

对节事营销利润的评估是保证营销活动不会对整个节事获利状况造成负面影响的关键。

$$ROEM = 财务可行性$$

ROEM 对于不同节事并没有一个特定的理想值,需要对每一次节事进行分析来确认营销支出和节事获利之间的比例是否值得将节事继续进行下去。ROEM 的百分比越高,节事的获利前景也就越好。机构的财务理念和节事的整个目标将会决定目标 ROEM。对于大多数营销人员来说 ROEM 的平衡点大约是 15%。

2)节事营销的定价方法

针对节事活动的特殊点,对其定价可参照如下基本原则:一是成本导向定价法,是以产品单位成本为基本依据,再加上预期利润来确定价格的成本导向定价法,是最常用、最基本的定价方法。该定价法又衍生出:①总成本加成定价法,它要求估计出节事活动参加者的数量,计算出投入的资金、赞助的收入及其他可能收入,再加上期望的利润,算出节事活动的价格;②投资回报率定价法。二是需求导向定价法,是以市场需要为基本依据确定价格的定价方法。例如参加一个主展会,支付一次门票之后,可免费参加该节事活动其他项目。该定价法又可衍生出:

①选择资费定价法。这常用于旅游行业,如给老人或儿童特殊的门票优惠。在设置一般收费标准和原则的情况下,活动组织者也会针对特定人群或特定时间降低定价来扩大市场。如昆明世博会期间,门票普通票上午购买需要全价,下午 2 点之后购买便有较大折扣;同时针对特别群体,如老年人、儿童、军人及学生也会有不同程度的折扣甚至是免费。

②向后定价法。它是以市场为依据的定价方法,主要参考消费者的支付意愿。

③市场渗透定价法。市场渗透定价策略是以一个较低的产品价格打入市场,目的是在短期内加速市场成长,牺牲高毛利以期获得较高的销售量及市场占有率,进而产生显著的成本经济效益,使成本和价格得以不断降低。渗透价格并不意味着绝对的便宜,而是相对于价值来讲比较低。

④撇脂定价法。又称高价法,即将产品的价格定得较高,尽可能在产品寿命初期,在竞争者研制出相似的产品以前,尽快地收回投资,并且取得相当的利润。未来市场形势难以测定的节事活动可以考虑用此定价政策。

3)节事营销的资金来源(表 7-7)

节事最大的收入来自赞助商,其类型有如下 4 种:

①冠名/展示。承担大部分支出。

②接待/支持。承担部分支出,如食物饮料等。

③等级排列。根据赞助金额确定赞助商产品、服务和各个领导的曝光度。

④以货代款。赞助商无偿向节事提供自己的产品和服务。

另一大收入来自出售纪念商品专卖权。举例来说,历届奥运会都有大量的与奥运主题有关的奥运纪念商品出售,1988 年韩国汉城奥运会上,就有特许经营商 62 个,为韩国奥组委收入 1 880 万美元;1996 年美国亚特兰大奥运会有特许经营商 125 家,创造了 9 100 万美元的收益;而 2004 年雅典奥运会仅 23 家特许经营商便瓜分了 6 150 万美元的收入;2008 年北京奥运会特许商品销售收入更是突破了 14 亿美元;2016 年里约奥运会的特许商品在巴西市场的销售额达 10 亿雷亚尔(约合 16.15 亿元人民币)。

表 7-7　节事营销资金的来源

内部来源	现金储备
	折扣(组织大规模采购能够获得较低的价格)
外部来源	门票收入
	广告收入
	纪念商品专卖权
	赞助费
	合作伙伴
	后端收入,例如出售参加者的名单
	捐赠
	贷款

4)计算赞助投资的回报

(1)选择节事赞助商的一般标准

尽管独家冠名赞助商、特别赞助商、一般赞助商对节事活动贡献的价值不同,但选择各个层次的赞助商也有一些共同的标准。

①资质标准。对于大型节事活动来说,赞助企业必须具有较强的实力,企业营销活动中应有从事公益、文化体育事业的经验,如世界企业 500 强、中国企业 500 强、大型知名企业等。例如,国际奥委会 TOP 赞助商是国际奥委会全球最高级别的合作伙伴,因此也被称为顶级赞助商。TOP 赞助商要向整个奥林匹克运动提供资金支持,因此门槛较高,赞助企业要符合以下条件:企业及其产品必须具有良好形象和品质,居于世界领先地位;必须是跨国公司,国际化程度高,拥有充足的全球性资源;能够积极协助推行国际奥委会的营销计划。此外,TOP 赞助商入门费相当高,已经从 1985 年的 400 万美元涨到了 2008 年的 6 500 万美元。阿里巴巴与国际奥委会达成期限直至 2028 年的长期合作,赞助总金额不低于 8 亿美元。

②品牌标准。品牌是市场、公众对企业的认知、评价和印象,是一种重要的经营资产。为了提升节事的品质,除了有形资产以外,品牌这种无形的资产也应该成为选择节事活动赞助商的标准之一。企业应具有良好的社会形象和企业信誉,其品牌形象与节事活动的品牌形象相得益彰,避免出现两者市场定位、品牌形象冲突的情况。华为以顶级赞助商身份参加了在美国奥兰多举行的 2017 SAP SAPPHIRE NOW + ASUG 大会,其是全球首屈一指的商业技术活动和 SAP 年度最大的客户交流会议。华为创新的 ICT 基础架构和 SAP HANA 平台及企业管理软件进行联合创新,共享客户与生态资源,为客户提供高性能的联

合创新解决方案,此方案已经部署在全球 40 多个国家,成功服务于政府、金融、能源、制造、交通等行业客户。

③保障标准。赞助商的保障标准指企业应能提供保障节事顺利举办所需的成熟稳定、先进可靠的产品、技术和服务。例如,对技术类赞助商,对其技术产品的稳定性、可靠性要求颇高;而对于普通消费品赞助商,企业的赞助数额较重要。另外,赞助企业应保证无论最终是否参加赞助,都不会泄露任何节事组织者认为将对本次活动产生实质影响的保密性信息;在获得正式授权前,不会在任何时间、任何地点以任何形式以节事活动的名义进行商业性宣传,或者暗示与节事活动存在任何关联。

(2)评估赞助商产品或服务销售的增长

①比较节事前后某一特定时点的销售量与前几年同一时点的销售量。

②比较在节事活动举办地区的销售量与全国在相同市场上的平均销售量。

③分析能刺激购买的促销方法(打折票或凭优惠券打折)。

④在节事活动举办前后追踪分销商数量的变化。

⑤比较在覆盖范围相似的媒体做广告的价格/成本。

"赞助满意度"通常用于形容赞助双方的满意程度,这代表的不仅仅是双方目标市场的匹配,还涉及一系列的赞助权利和怎样满足特殊的要求,从而满足赞助方和节事组织方的共同目标。即使目标市场匹配,能达到赞助目标,仍然会有不合适的"赞助"。比如奥迪在伦敦赞助英国皇家歌剧院的晚会,奥迪的标志出现在歌剧院的最好建筑上,毗邻的花园里也有奥迪的轿车,但公众抨击皇家歌剧院过度商业化,引起了观众不满。

(3)吸引赞助商的方式

①购买媒体。通过购买媒体,赞助商可以通过广告来宣传他们与节事活动的联盟关系等。由节事活动组织者买下某一时段,再以优惠价卖给赞助商。

②交互营销。交互营销是服务业 3 种营销类型的一种,其他两种分别为内部营销和外部营销。交互营销的核心是,打破传统营销传播"告知"消费者的模式,而是通过节事活动的文化娱乐资讯提供互动体验等方式让消费者彻底参与其中,信息接收与反馈同步的双向沟通,并尽量使消费者成为二级传播源的传播模式,从而改变消费者行为。

③参与权回报。免费节事活动表演活动和晚宴名额,赞助商可邀请客户参加;提供鸡尾酒会、贵宾席位或专门座位给赞助商的客户;安排企业领导人作为特邀嘉宾参加节事的开幕式、闭幕式,并在节事活动中发表演讲;对节事活动议程提出建议;使用节事活动全部数据库等。

④企业宣传回报。赞助商名称出现在媒体的宣传报道中;赞助商的某一相关产品可作为节事活动的指定用品;或者在节事活动宣传手册中出现赞助商 Logo 并刊登企业介绍或企业广告等。

⑤现场宣传回报。可在礼品袋、指路牌、吊旗等宣传用品上出现赞助商 Logo;利用节事活动派发产品样品;礼品袋中可放置赞助商宣传材料;可在会场外显眼地点设置赞助商宣传舞台或展区等。

【实训项目7-4　寻找节事赞助商——步骤4】

传统的举办节事活动的方式——大量的财政投入和硬性摊派,使财政、企业和社会不堪重负。节事活动逐渐呈现出市场化趋势,开始尝试市场化运作模式。应建立"投资—回报"机制,吸引大企业、大财团以及媒体参与,形成"以节养节"的良性循环发展模式。

第35届中国·哈尔滨国际冰雪节新闻发布会

2018年12月26日,哈尔滨市政府在友谊宫召开第35届中国·哈尔滨国际冰雪节新闻发布会。记者从发布会获悉,冰雪节开幕式将于2019年1月5日举行。本届冰雪节由哈尔滨市人民政府主办,以"冰雪之冠上的明珠——哈尔滨"为主题,将开展冰雪旅游、冰雪文化、冰雪时尚、冰雪经贸、冰雪体育五大类百余项活动。

据悉,本届冰雪节将以2022年北京冬奥会为契机,主动融入"北国好风光,尽在黑龙江"的旅游营销战略格局,突出冰雪旅游产品供给、冬季品牌策划营销、冰雪景区创新发展等重点任务,加速冰雪旅游文化时尚产业融合,夯实哈尔滨在全省旅游的中心门户作用和在全国冰雪旅游的领军地位。

在冰雪节期间,将举办国际冰雕、雪雕比赛,来自世界各地的选手报名参赛,同时,还将举办2019哈尔滨国际冰雪之约活动,27个国家440位外宾将参加本届冰雪节,将有效地促进哈尔滨市与国际友城在经济、文化、体育、科技等方面的交流合作,提升哈尔滨的国际影响力和知名度。

发布会上,哈尔滨市旅游委副主任于世泉介绍,中国·哈尔滨国际冰雪节创办于1985年,迄今已成功举办了34届。作为国内最早开发冰雪旅游资源,释放冰雪产业价值的国际文旅盛会,如今哈尔滨国际冰雪节被誉为世界四大冬令盛典之首,位列"全国十大最具影响力节庆活动"之一。2018年12月13日,马蜂窝旅游网和中国旅游研究院共同成立的"自由行大数据联合实验室"发布的《冰雪东北:中国省域自由行大数据系列报告之东北地区》显示,黑龙江排名前10的热门景点中,有9个位于哈尔滨。

此外,为了不断提升哈尔滨市冰雪旅游品牌,哈尔滨市旅游委在央视黄金时段持续投放城市形象宣传片,在美国纽约时代广场大屏幕投放宣传片,在拉美国家巴拿马投放旅游宣传片,12月于广州、深圳珠三角地区等主要客源地,举办冰雪旅游推介会,尽显哈尔滨极致冰雪魅力。

同时,哈尔滨市旅游委赴比利时、芬兰开展"中国—欧盟旅游年哈尔滨冰雪旅游"推介宣传活动,为哈尔滨"旅游+"(文化、体育)、友城建设、航线等领域对外合作寻找机遇和平台。2019年10月在香港举办的"美丽中国——激情冰雪之旅"旅游推介会上,哈尔滨"冰城夏都"旅游形象和旅游产品,引发香港与内地的情感共鸣。

【实训追问】

1.哈尔滨国际冰雪节的活动有哪些?其赞助商可以在哪些国家、城市和区域得到宣传机会?

2.从这篇新闻发布会报道,你发现了能争取的赞助商吗?请列举出来。

3.讨论并分组协作,完成《哈尔滨国际冰雪节赞助计划》,明确赞助商层次、种类、各行业企业赞助标准、赞助商权益等。

【实训拓展】

请课后完成以下任务:

1. 制订哈尔滨国际冰雪节营销项目的执行计划。

2. 编制哈尔滨国际冰雪节营销项目质量检查表。

【实训项目总结评分——学生互评与教师点评】

表7-8 项目总结评分表

大类指标	指标分解	指标分值/分	学生互评/分（权重30%）	教师评分/分（权重70%）	总分/分
项目控制系统设计	系统合理性	15			
	结构逻辑性	10			
进度控制甘特图	图例准确	15			
	图例美观	10			
质量控制计划	计划合理	15			
	有逻辑性	10			
质量检查表	指标合理	15			
	完整、准确	10			

项目 8
创新会展营销

【案例导入】

乔布斯的创新之道

提到创新,不得不提一人——乔布斯,以及他的苹果公司。美国总统奥巴马发表声明嘉许乔布斯是美国"最伟大的创新者",奥巴马说:"他改变了我们的生活,重新定义了整个工业并达成人类史上最罕见的成就之一:他改变了我们每个人看世界的方式。"

起初苹果公司打算组建一个应用软件部门,推出 iMovie 等信息视频产品,以便将麦金塔电脑打造成"信息生活"的中心,从而进军数字娱乐业。然而,免费音乐共享软件 Napster 的风靡,给了乔布斯当头一棒。乔布斯迅速调整策略,把方向定为音乐领域。2001 年,苹果公司推出了音乐软件 iTunes,声称它的主要功能为"扒歌、混制、烧盘"。此举得罪了不少音乐业的巨头,因为苹果公司没有自己的音乐部门,所有这一切都助长了盗版风潮。

iTunes 大获成功后,乔布斯并没有就此满足,他又开始了新的思索:虽然在电脑上存储及播放音乐很棒,但如果有一个类似随身听的便携式存储器播放音乐岂非更妙? 2001年初,苹果的工程师开始着手实现乔布斯的这一想法,对 iTunes 的设计进行更改。他为新的设备设计了一个小型操纵系统,并开发出像 iTunes 一样适于消费者存储、检索音乐的操作界面。于是,轰动全球的 iPod 横空出世。2001 年 10 月 iPod 发布时,外界并不看好其市场前景。但是,2002 年,售价 399 美元的 iPod 的销量直线攀升,一年内售出 160 万台相关产品,较前一年有超过 100% 的高增长。这一切都归功于乔布斯当机立断调整设计方向,因为他深知:设计的原点是消费的需求,而不是以公司为中心的传统制造。

再来看看 iMac 电脑。苹果推出的 iMac 系列电脑实际上只是一台普通的电脑,并非什么革新性的产品。但 iMac 系列电脑一上市,就风靡全球,受到消费者热烈欢迎。其实,从性能上来讲,iMac 系列电脑根本不会比它的前任好到哪儿去。但是,乔布斯敏锐地抓住了对当时消费者来说最有吸引力的一点作为卖点:"iMac 是世界上最容易连接网络的电脑",再加上 iMac 五颜六色的外观,这些应用上的创新直接击中了消费者的心房,让消费者更加倾向选择 iMac。如果没有这些卖点,仅仅靠推销技术,那么,可以想象,iMac 或许根本没有市场。实际上,市场上的消费主力军大多不是专业人士,他们根本不关心一件产品应用的技术有多高深,他们想要的只是符合他们心意的产品。所以,较专业的人士比较喜欢微软的 PC,而大多数消费者却愿意选择像"傻瓜"照相机那样简单的苹果 iMac。

从以上的事例中我们可以发现,乔布斯的应用创新模式是建立在完美的用户体验这一基础上的。为消费者提供最好的体验,产品自然会得到消费者的青睐。

资料来源:《苹果的哲学》,李屹立

【实训项目 8-1　经典案例讨论——步骤1】

1.除了乔布斯以外,你还能想到哪些创新大师,以及他们做了哪些事情改变了世界?

2.试想一下,如果没有这些创新大师,以及他们所带来的发明,我们的生活会有什么改变?

3.以一般消费者的角度,根据以往参观展会的经验,分享最有创意或最喜欢的一项体验。

任务 1　创新性思维

活动 1　认识创新性思维

21 世纪是知识经济的时代。席卷全球的信息化、智能化热潮,让人们越来越重视创新意识、创新思维,培育创新文化、创新精神。面对不断出现的新知识、新问题和新矛盾,只有不断创新,我们才能在变化万千的世界中得以生存、发展。十几年前,曾经风靡一时的 Sony Walkman,很快就被新产品所替代。接着,MP3 播放器席卷全世界,但随着多功能智能手机的出现,MP3 播放器的市场份额逐步萎缩,仅仅几年的时间,它就由潮流新产品变成落伍产品。不少企业由于过度追求安逸、稳定,故步自封,而被当今时代所淘汰。最经典的案例就是胶片龙头企业柯达公司在不可阻挡的数码摄影技术新浪潮中被无情地淘汰。2012 年 1 月,柯达公司正式宣告破产。随着新技术和新产品的不断涌现,商品的更新换代、知识更新的速度比以往任何一个时代都更为快速,创新人才比以往任何一个时代都更受到社会的尊重。美国苹果公司的乔布斯,就是一个全世界公认的"最伟大的创新者"。

"要么创新,要么死亡"成为近年来众多企业提出的口号。创新的重要性毋庸置疑。创新,也叫创造。它是个体根据一定目的和任务,运用一切已知的条件,产生出新颖、有价值的成果(精神的、社会的、物质的)的认知和行为活动。创新是指人们为了发展的需要,利用已知的信息,不断打破固有观念,发现或产生某种具有经济价值、社会价值、生态价值的新思想、新理论、新方法和新发明的活动。正如苹果公司提出的经典口号"Think Different",如果按照正确的语法规则应该是"Think Differently"。那么为什么一个低级错误的口号能够流传至今,并且成为失败到成功的分界线?因为这一错误口号,首先,它打破了人们固有的语法观念,创造出新的语法规则,让消费者直观地感受到什么是打破常规,什么是"不同凡响",它就是与众不同。其次,这条广告语成功地在消费者中引起了热烈的讨论,从而潜移默化地在消费者脑海中留下深刻的品牌印象,这就是成功营销的最终目的。

创新的本质是打破旧的思维模式、习以为常的规则定律。虽然运用一定程度的已知知识和经验,能够帮助我们更好地迸发创意,但是,如果过多地依赖常规知识,我们的大脑就会产生条件反射,跳过思考的阶段,直接给现象下定论,这也将会影响创意的产生。

活动 2　创新思维的过程

每个人都有创新的潜能,只是并不是所有人都能掌握启发创意的有效方法。我们要认识到创新思维的形成是一个过程。根据英国心理学家沃勒思提出的"四阶段理论",创新思维划分为四阶段:准备期、酝酿期、明朗期和验证期。

1) 准备期

准备期是准备和提出问题的阶段。在准备期,我们通常需要做两件与创新看似没有必然关系的事情：

①积累和整理知识和经验。知识和经验是开出"创新之花"的必要土壤和肥料。积累知识的最佳途径是多看书、多思考，这看似简单，但在如今浮躁的社会却是难能可贵的。可以这么说，所有的成功人士都是爱书如痴的，读书已经成为他们每天的生活习惯。如果你渴望、追求成功，喜欢拥有创新思维，那么，培养读书的兴趣爱好是你的必经之路。另外，多与他人交流，融合自己和他人的知识也是拥有创新思维的途径之一，闭门造车和埋头苦干只会让创新思维离你越来越远。

②搜集相关资料。现在，资料的获取渠道多种多样，获取知识已经变成了轻而易举的事情。尤其在互联网上，只要输入相关性高的关键词，就一定能找到我们需要的答案。

2）酝酿期

酝酿期也称沉思和多方思维发散的阶段。

在这一时期，要对搜集的资料、信息进行加工处理，探索解决问题的关键。尤其在信息爆炸的时代，我们需要付出更多的时间和精力辨别和筛选优质的、精确的资料，以防不慎接受了错误资料的影响。同时，我们还需要使用各种思维方法与形式，如发散思维、联想思维等，使各种想法重新组合、碰撞、融合，反复不断按照各种各样的新方式加工处理，并且需要不断取舍，鉴别出好创意，舍弃其他稍逊一筹的创意，最后整理出新的创意。

我们有时也可以把思考的问题暂时搁置一下，让惯性思维被有意识地切断，让大脑长时间兴奋后松弛一下，这有利于灵感的闪现，从而产生新的创意。比如，躺在床上闭目养神，或者上街逛逛等。美国的心理学家罗伯特·埃伯思通曾说过："很多科学理论、数学定律都是在3B中总结出来。"3B指的是：公交车（Bus）、寝室（Bed）、浴室（Bath）。哲学家阿基米德就是在洗澡时发现阿基米德定律的浮力定律。

酝酿期常常是漫长又困难的，许多人冥思苦想，仍然百思不得其解，最终选择放弃，由此与创意擦身而过。所以，良好的心理素质是酝酿期获得进展的重要保证。

3）明朗期

明朗期即顿悟或突破期，寻找到了解决问题的办法。

明朗期很短促、很突然，呈猛烈爆发的状态。久盼的创造性突然在瞬间得以实现。人们通常所说的"脱颖而出""豁然开朗""众里寻他千百度，蓦然回首，那人却在灯火阑珊处"等都是描述这种状态的。如果说"踏破铁鞋无觅处""山穷水尽疑无路"描绘的是酝酿期的话，"得来全不费工夫""柳暗花明又一村"则对应的是明朗期。在明朗期，灵感思维往往起决定作用。

4）验证期

验证期是对创新思维进行评价、完善及充分论证的阶段。灵光一现的新发现，前所未有的新发明，空前绝后的新方法，由于"前无古人"，没有经验借鉴参考，有可能会出现难以避免的缺陷、漏洞。所以，明朗期获得的结果需要通过验证期的整理、完善和论证，以检验其正确性和可行性。验证期往往通过理论验证和实践检验相结合的手段加以充实和完善，任何创新思维的突破性结果都需要经过这个阶段，否则，创新性成果都不可能真正获得。

活动3　创新思维的形式与训练

通过有效的创新思维训练,每个人都会掌握创意性思维的要领,成为具有创造性的人才。本书为大家介绍几种创新思维的形式,以及训练的方法。

1）发散思维

由美国科学家、哲学家托巴斯·康恩提出并创立的发散思维,在当今社会发展中运用得越来越广泛。发散思维又称"扩散思维""辐射思维"和"分散思维"等。发散思维是指在思考过程中由一个中心点无止境地扩散出去,形成一个多向、立体和开放的思维。被广泛应用于学习、工作和生活的方方面面的思维导图(图8-1),就是发散思维从概念到实际的应用。

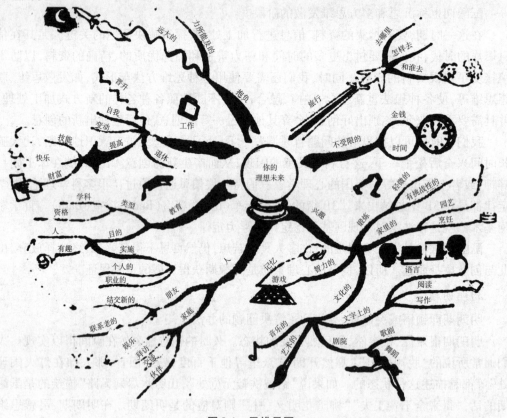

图 8-1　思维导图

2）灵感思维

灵感思维是指在事物的接触及思考中,因受到某种启发而产生的灵发性创新思维方式。灵感是在创新活动中,经过长期紧张思考和足够的知识积累,在触发条件的刺激下,意识中突然闪现出的疑难被突破的思维形式。

由于这种创新思维方式具有转瞬即逝的偶发性,所以,要善于抓住这种稍纵即逝的灵感思维,并对此进行深入思考和研究,以促使新生事物的应运而生或疑难问题的解决。

实践证明,灵感都是在紧张思考后转入某种精神松弛状态时出现的,所以在紧张思考后,散步、聊天,甚至洗澡、发呆等,都有助于灵感的出现。

3)联想思维

联想思维是指把表面看来互不相关的事物联系起来,从而达到创新思维的境地。人们把前一种事物称为刺激物或触发物,后一种事物叫作联想物。这种联想思维可以使我们扩展思路,升华认识,把握规律。根据触发物和联想物的关系,分为以下4种:

①接近联想。由某一思维对象想到与它有某种接近关系的思维对象的联想思维,即联想物和触发物之间关系密切的联想。如:看到学校,就想到学生、老师、教师、课本等相关的事物。

②对比联想。对比联想是指由一事物联想到和它具有相反特点的另一事物,即联想物和触发物之间具有相反性质的联想。如:由白色想到黑色,由晴天想到下雨,由开始想到结束等。

③相似联想。相似联想是指由一事物想到另一个在性质上与它接近或相似的事物,即联想物与触发物之间存在着一种或多种相同而又各自明显属性的联想。如:因为都具备飞这一性质,看到小鸟会联想到飞机,实践中,小鸟是设计飞机的技术原型。

④因果关系联想。因果关系联想,即触发物和联想物之间存在因果关系的联想思维。如台式电脑使用时,由于体积质量过大,只能在固定地方使用,于是人们就发明了移动电脑,来填补这块市场空白。

4)逆向思维

逆向思维是指对现有事物或理论相反方向的一种创新思维方式,它是创新思维中最主要、最基本的方式。当我们面对新的问题,或者长期解决不了的问题时,不要沿着前辈或自己长久形成的固有思路去思考问题。我们可将通常思考问题的思路反过来,用常识看来是对立的,似乎根本不可能的办法去思考问题。如有个日本人一直被圆珠笔漏墨问题困扰,希望找到解决办法,但一直苦无对策。最后他发现,圆珠笔漏墨现象通常发生在书写两万字后,所以若发明一支只可写两万字的新型圆珠笔一定广受欢迎,后来市场也给予了这种笔肯定的答案。

逆向思维是一种科学复杂的思考方法。因此,在运用它时,一定要对所思考的对象有全面、深入、细致的了解,依据具体情况具体分析的原则,绝不能犯简单化的毛病,简单化容易产生谬误。

【实训项目8-2 启发创新思维——步骤2】

请课后完成以下步骤:

1.每组4~6人,选择某一会展活动,研究如何利用思维导图,策划这个活动。

2.假如你在你策划的会展现场,看到突然有大批观众向出口方向移动,你会产生哪些因果关系联想。根据想到的原因,提出相关的解决方案。

活动4 会展营销创新策略

营销创新,就是根据营销环境的变化状况,或即将会发生变化的预测,结合企业自身的资源条件和经营特色,改变或者突破某一个营销要素或某一系列要素,并且这些变革和突破是竞争者从未使用过的或在特定市场中是崭新的。能否最终实现营销目标是衡量会展营销创新成功与否的标准。会展营销创新将主要表现在4个方面,分别是理念创新、主体创新、手段创新和内容创新。这4个方面是相辅相成的,其中,理念创新是基础,手段创新是关键。

1)营销理念创新

会展企业只有把营销创新提上日程,才能使企业在变化中成长。

①从服务参展商到服务观众。办展的意义是为参展商和专业观众创造一个良好的交流平台,因此,能否同时为参展商和买家提供优质服务决定了一个展览会是否可以取得成功。然而,长期以来,展览公司都把服务好参展商看作头等大事,而对那些专业观众却不太重视。但事实上,参展商的参展目的就是把自己的产品拿出来给观众,并在展览会上找到合适的买家,但如果专业观众因对服务质量不满意不来参展,那就可能会出现整个场馆只有参展商的现象。

②从国内营销到全球营销。目前,一些展览公司在营销过程中,往往把招徕国内观者作为目标且已经形成了固定的思维模式,从而忽略了国际专业买家的巨大空间。因此,国内展览企业必须树立全球营销的理念,把自己成熟的展会品牌拿到世界上专业观众更多的地方举办,以开拓新的市场。

③从大众营销到品牌营销。长期以来,大多数展览公司追求的是单纯的人气,而忽视了品牌所蕴含的巨大宣传效应。在营销过程中,展览公司必须注重展览会品牌所代表的主题和特色,以品牌为指向,招徕特定的参展商和专业买家。

2)营销主体创新

从营销主体的角度来看,创新主要体现在以下3个方面:

①随着世界展览业竞争的日益加剧,各个国家和地区特别是展览业落后的国家和地区将出现更多专门的展览营销组织或推广机构,这些机构可采取紧密型的董事形式或采取松散型的联合形式。

②大力宣传自身的办展环境,从而吸引更多的国际会议或展览会,地区甚至全国性的展览整体营销活动将大量涌现。

③在营销观念上,人们对展览营销主体的认识将更加深入,即除了传统意义的会议或展览会外,还包括展览城市、展览企业整体和专业媒体等。

3)营销手段创新

在各种营销要素中,最富活力的莫过于营销手段了,它不仅具有很强的灵活性,而且对具体营销活动的成败起着决定性的作用。展览营销主体可以从两个方面去努力。

①要积极运用各种新技术和新的理论研究成果,如网络营销、目的地营销、整合营销、一对一营销等。其中,网络营销将在信息时代的展览营销活动中占据主导地位,互联网将被各种展览营销主体广泛应用。

②要创造性地运用常见的营销手段。展览公司招徕观众的常用办法是发邀请函给相关专业领域的人士,或刊登广告吸引普通观众。但是要有所创新:展览公司可以与旅行社、旅游景点等合作,以商务旅游作为卖点,在邀请函中附加特别内容,以求抵消远途劳顿的负面效应,从而提高观众前来观展的兴趣。

4）营销内容创新

实施营销内容创新,展览营销主体可从以下3个方面入手:

①强调服务。

服务是展览会的主要竞争力要素之一,它直接影响着参展商和专业观众对展览会的印象,并决定了一个展览会是否成功,是否能发展成为世界知名的品牌展。

②主题创新。

只有策划和宣传鲜明的主题并提供个性化的服务,会议或展览会才能吸引某一类观众的眼球,进而达到预期的营销目的。

③产品创新。

产品是市场营销的核心要素。展览公司的产品是会议或展览会,展览企业必须精心策划并适时推出新的产品和服务,这是营销成功的基本前提。实践证明,创新并关注市场需要的展览会永远都是受欢迎的。世博会成功举办了100多年就是一个很好的例子。

【实训项目8-3 营销内容创新练习——步骤3】

请根据步骤2中确定的会展活动,课后完成以下步骤:

营销内容创新中包括服务、主题、产品这3个方面,请为选定的会展活动提出一些创新的营销内容。

表8-1 实训评分表

大类指标	指标分解	指标分值/分	学生互评/分（权重30%）	教师评分/分（权重70%）	总分/分
案例追问	结构完整	15			
	论据充分	10			
思维导图	图例准确	15			
	图例美观	10			
因果联想	逻辑性	15			
	创新性	10			
营销内容创新	合理性	15			
	创新性	10			

任务2 网络营销创新

随着互联网的迅速发展,网络营销以其快速的发展态势已经渗透到我们生活的方方面面,给各个行业带来无限商机。在网络时代,营销模式从传统营销向网络营销迅速转移,消费者从线下向线上转移,越来越多的企业认识到网络营销的重要性,开展网络营销活动。企业都不愿错过了互联网,因为错过的不是一次机会,而是一个时代。

4G 时代渐入尾声,5G 已在 18 个城市中试点运营。中国互联网网络商业应用的基础条件已经成熟,中国网民已经超过 9 亿。文字、图片和视频等多媒体网络技术的实现,使网络信息传播的手段越来越丰富,利用网络营销已是大势所趋。14 年前网络营销约等于网络横幅广告(Banner Ad),13 年前网络营销约等于百度推广(百度推出的关键词排名,采用效果付费搜索引擎服务),12 年前网络营销约等于 SEO(搜索引擎优化),11 年前网络营销约等于论坛(BBS)营销,10 年前网络营销约等于博客(Blog)营销,2011 年百事可乐宣布减少传统媒体电视、报纸等的广告投放,增加微博等社交媒体上的广告预算,这一举措是非常具有前沿性的, 微博营销不但是网络营销的创新营销方式,更已经成为商家的必争之地,哪个企业能早一步有效利用适合自身企业特点的微博营销方式,谁就能在潜力无限的互联网中征服 9 亿网友,获得丰厚的回报。到 2020 年,网络营销约等于新媒体营销。

活动1　微博营销和短视频营销

2009 年 8 月 14 日,新浪网推出"新浪微博"内测版后,成为门户网站中第一家提供微博服务的网站,微博正式进入中国的主流网络市场。腾讯、网易、搜狐等大型门户网站相继推出微博服务,加入了这个"微时代"的竞争。但作为"第一个吃螃蟹"的新浪网,由于累积了庞大用户群,发展势头领先于其余门户,成为微博用户的首选,截至 2019 年年底,微博月活跃用户达到 5.16 亿。

同样是 2009 年,世界上第一个短视频分享 App 在美国上线,用户可通过这个 App 拍摄和分享 6 秒的视频,视频可在社交平台上转发与传播。中国从 2011 年快手、秒拍的上线到近两年来抖音短视频、西瓜视频的出现,短视频行业呈现井喷式发展之势。短视频凭借较强的趣味性和可视性、丰富的表现形式、多元化的使用场景引领了新媒体时代的潮流,成为当下各行业火热的营销渠道。

微博和短视频之所以带来传播的大变革,影响营销传播的发展的主要原因是我们正处于一个"碎片化"的时代。随着互联网一日千里的发展速度,将消费者原有的媒介接触时间、接触习惯完全打破,白天看报纸,晚上看电视的媒体接触方式,已成为历史。在信息爆炸的时代中,汹涌而来的信息使人无所适从,多媒体的信息传播环境,使人们无时无刻地接收到信息,最终造成人们的时间和注意力被打散,产生新的媒体接触时间和习惯。人们在各个生活的间隙获取信息,在吃饭时看一眼电视,在坐公交车时用手机上微博和看短视频。每天通过手机 App、公众号、搜索引擎、自媒体、即时通信等多种方式获取信息。信息量如此之多,获取信息如此容易,使我们产生了一个坏习惯:对于文档超过 20 页,不再有耐心阅读。于是,微博和短视频就应运而生,以短文(一开始限制在 140 字以内,2015 年 1 月,微博开放 140 字的发布限制,少于 2 000 字都可以)和几十秒微内容的姿态将人们碎片化的时间充分利用起来,将生活间隙填满。

1)什么是微博营销和短视频营销

微博的英文是 Micro-Blog,它是一种允许用户可以通过 PC、手机等多种移动终端接入,以文字、图片、视频等多媒体形式,实现信息的即时分享,传播互动。微博成为一个继博客(Blog)之后的全新信息传播平台。主要以一对多的及时广播形式,通过群聚对话的方式,使得每个人都可以形成一个自己的粉丝部落。在国外,微博的代表性网站是 Twitter,它号称是微博的鼻祖。在国内,微博最典型的代表就是新浪微博。虽然,网易微博、腾讯微博和搜狐微博的影响力也比较大,但最大影响力的新浪成为微博的代名词。

微博营销是以微博作为营销平台,每一个听众(粉丝)都是潜在营销对象,每个企业通过更新自己的微型博客向网友传播企业、产品的信息,树立良好的企业形象和产品形象。微博及时更新内容,提出消费者感兴趣的话题,并实现与消费者双向交流,即可以达到营销的目的,这样的方式就是新兴推出的微博营销。随着微博的传播速度更快,关注的人更多,时效性更强,微博营销将成为企业重要的营销传播和舆论建设平台。

简而言之,微博营销就是通过微博这一平台,传播企业产品信息,宣传企业形象,提高产品曝光度,打造企业知名度,最终使消费者产生购买欲望。

互联网信息(内容)的发展,从文字、图片为主的微博,到目前的短视频,视频内容创作者只需一部手机即可实现视频拍摄、后期编辑,以及渠道发行(对应平台发布视频功能)。2016 年是短视频内容的增长势头最猛的 1 年,以头条视频为例,平台已实现每日 10 亿次播放,单日播放时长超 2 800 万小时。短视频营销是传统营销的一种创新形式,除了具有可视化优势,还有强大的用户互动和粉丝经济优势,与传统营销相比,短视频营销所要花的成本和预算都相对比较低,最初形式主要是主播带货的直接销售模式,将来可以利用人际关系和社交网络传播给目标客户,用于会展活动预热和展会品牌塑造。

2)微博营销和短视频营销的特点

微博营销的特点与微博这个平台密切相关,微博是手机短信、社交网站、博客和即时通信 IM(Instant Messenger,如 QQ 和微信)四大产品优点的集大成者。不管是内容展现、传播速度,还是营销深度,微博和短视频营销都体现出不可比拟的优越性。其中可视化的短视频作为适合在碎片化的时间中使用、信息量集中的内容载体,也越来越吸引用户。

(1)信息全面性

现在,很多微博、短视频平台已实现了从文字到图片,从动画到视频的多媒体展示,这种多媒体、全方位的信息展示可以通过实现潜在消费者与品牌之间的深度关联,同时能够让单一枯燥的信息立刻鲜活起来,使得信息更加具有说服力和影响力。

(2)发布便捷性

人们只需要一句话的简单构思,不到一分钟就能写一条微博,比长篇大论的博客平台便捷很多。随着技术的进步,网络速度的提升,用户制作和发布短视频门槛也将进一步降低,大大节省用户的时间和精力。

(3)传播实时性

移动互联网的发展让微博和短视频的信息发布变得更加随时随地,用户不管在地铁、上班的路上,还是在等待电梯的过程中,借助移动客户端,利用碎片化时间进行传播,接收分享信息更加快捷方便、即时有效。微博和短视频可以通过手机 App 随时随地发布信息,与短信传播方式是"One To One"比较,微博和短视频则是"One To N To N"。同时微博和短视频资费比短信低廉。

（4）高速扩散性

信息的高速传播关键在于微博和短视频所具有的开放性关系链。这一关系链能让一条信息得到高速传播。一条关注度高的微博和短视频在互联网发布之后，在极短的时间内就可以互动性地转发抵达微博世界的每一个角落，达到短时间内最多的围观人数。

同时，通过人际关系为基础的关系链传播，信息通过粉丝关注的形式进行病毒式的传播，不管是传播的广度还是影响的深度都非常好。与此同时，聚合了大量忠实粉丝的名人明星能够使事件话题的传播量呈现几何级别的态势，广泛地影响消费者。

（5）沟通互动性

微博和短视频能与粉丝实现互动的沟通，及时获得用户反馈。每个用户兼传播者和受众双重身份，可以有效增强双方互动性，从而帮助企业推广宣传产品信息，收获用户反馈意见，预测、洞察市场走向。如今，市场已发生了天翻地覆的变化，消费者不再爱听企业高高在上地告诉他们该喜欢什么，企业应该与他们时刻保持互动交流，赢得他们的喜爱和信任。当消费者对企业的信任度和喜爱度提高后，他们会愿意主动在自己的微博和短视频中为企业免费宣传，影响身边的朋友或粉丝，产生口碑传播，一旦形成口碑传播，企业和产品就会成为消费者第一印象的考虑。

企业可以在客户不同的消费阶段与客户进行互动，并逐步建立情感关系。在消费者认知阶段，可以主动发现潜在客户的需求，帮助消费者了解品牌和产品的基本功能；在消费者购买阶段，可以有针对性地回答客户咨询，促进购买决策的达成；在消费者使用阶段，通过贴心的互动让客户有更好的体验；最后很关键的要倾听客户怎样评价产品和使用体验，给予关注和奖励，促使客户更有动力向身边的朋友推荐。2008 年美国总统大选中，奥巴马用 Twitter 作为参选工具，他的竞选团队不但用 Twitter 发布与奥巴马和竞选相关的内容信息，同时还对粉丝的提问——耐心地主动追踪回复，和 Twitter 的粉丝之间在虚拟世界中建立起朋友关系，最终利用这个强大的新媒体成为美国第一位黑人总统。

【实训项目 8-4　关注微博营销——步骤 4】

登录微博，查看各微博排行榜第一名的微博用户，统计其粉丝数目、关注人数、微博数量和内容以及平均转发和评论的次数，分析其受关注和重视的原因。如果企业开展微博营销，四大门户的微博设立微博账号的优点和缺点。

活动 2　开展会展微博营销

【引入案例】

科吉烧烤——用 Twitter（推特）征服美国

"我们被警察耽搁了，再等 10 分钟好吗？永远的科吉烧烤（Kogi）！"

美国《新闻周刊》记录了这样一个画面：每当夕阳西下，洛杉矶的 Kogi 粉丝们就疯狂了，他们拼命地刷新自己的 Twitter 页面，追踪 Kogi 的下落。超过百人的长队中，有人甚至已经排了两个小时，就为了买到一块价廉物美的玉米饼。一位韩国厨师和他的朋友将韩国烧烤和墨西哥玉米饼进行混搭,用一辆普通的卡车在美国洛杉矶满城转,通过 Twitter 实时通报位置,竟然创造了一个惊人的商业传奇——数万粉丝为他们疯狂,世界顶级媒体接连关注,连世界连锁咖啡巨头星巴克也通过借鉴科吉烧烤的模式赢得了转机……科吉烧烤到底有什么魔力?

车轮上的餐厅

2008 年 9 月的一个晚上,30 岁的马克·曼格兰和妻子卡罗琳、妹妹爱丽丝在酒吧喝酒。此时已经是凌晨 4 点,有些醉意的马克突然跳了起来大叫道:"如果将墨西哥玉米饼和韩国烧烤混搭在一起,会怎么样?"马克想到了他的韩国朋友罗伊·崔。38 岁的罗伊毕业于美国烹饪学院,担任过洛杉矶几家餐厅的主厨。罗伊很快就建立起了一支厨师队伍,其中绝大部分是来自墨西哥的大厨们。他们将墨西哥玉米饼和韩国烧烤结合起来,包上腌制的牛肉,配上生菜,再使用白菜辣椒酱和香菜做调料,调制出了可口的玉米饼。他们给自己的产品取名为科吉烧烤,将售价定在每个 2 美元,准备用卡车进行流动销售。那些日子,他们没有任何销售收入。那时,正是 Twitter 开始在美国风行的时候,他们出了一个主意:"不如我们在 Twitter 上碰碰运气?"2008 年 11 月,科吉烧烤在 Twitter 上注册,名字叫 Kogibbq,奇迹出现了,科吉开始大范围传播开来。

话题互动力

最初,爱丽丝只是竭力在 Twitter 上宣传他们的玉米饼有多好吃,价格有多便宜,但效果并不明显,科吉通常每天只有 10～20 个顾客。转机出现在他们第一次停在好莱坞绿门俱乐部门口的那个晚上。那天,他们想到了一个主意,给一些美食博客的博主发电子邮件,邀请他们前来免费尝试产品,并在博客上写一些关于科吉的文章,这在网上引起了强烈的反响。受到这次成功的启发,他们开始号召科吉的 Twitter 粉丝出来免费品尝食物,然后把他们的感受分享在 Twitter 上。"在这两个星期里,话题一直在持续,'这是什么食物,为什么每个人都在谈论?'"科吉的品牌和新媒体总监普拉萨德说,"我们在 Twitter 上宣传,人们会为一块玉米饼到卡车前去排上两个小时的队。Twitter 上开始充满关于科吉的话题,人们就是这样开始听说了我们。"

制造话题是科吉成功的第一步。接下来发挥作用的是互动的力量。罗伊他们想到了一个办法,实时通报科吉烧烤车的位置,告诉网友们在哪儿可以最方便地买到玉米饼。有一次,罗伊和马克在开着卡车销售玉米饼时,遭到了警察的驱赶,他们马上通过手机在 Twitter 上把这一切告诉网友,并承诺他们将在 10 分钟后到达原定的位置销售,这引起了网友的轰动。网友们感觉到自己不仅是在购买一块 2 美元的食物,而是一个重要事件的参与者。在更新这条消息时,科吉烧烤诞生了他们的一句名言:"再等我们 10 分钟好吗?永远的科吉烧烤。"科吉烧烤在 Twitter 上的粉丝数量迅速增长。

话题与互动,是科吉 Twitter 推广的关键词。即使到现在,任何美食家想要找到科吉的卡车,仍然必须通过 Twitter。只有在那里,你才能知道他们今天有什么特价,他们今天在哪里。而事实上,他们经常会迟到,这时他们会在 Twitter 上公布这些消息。这就像一场充满悬念与变化的实时定位游戏,每一个顾客都是游戏的主角。仅仅在 Twitter 上进行宣传不到 3 个月,科吉烧烤的粉丝就迅速超过 1 万名,每天销售近百千克肉。专业零售研究机构 IdeaWorks 的 CEO 乔恩·伯德认为,科吉烤烤是世界上第一个 Twitter 零售模式的开创者。

美国营销专家迈克·麦莉这样总结科吉烧烤成功的原因:一是价廉物美;二是为

平民服务；而最关键的是第三点，你永远不知道明天这个餐车会出现在哪儿，而寻找食物是一种乐趣。科吉很快成为一种现象。现在，科吉有四辆移动餐车，在 Twitter 上提前 3 个小时播报他们的地点，5.5 万名粉丝闻风而动，从四面八方赶去排队购买。很多商家也邀请科吉到他们附近，以吸引人流，实现餐车和商店的双赢。要保证持续给顾客带来新的吸引力，就必须不断制造悬念与话题。随着科吉烧烤的迅速发展，餐车越来越多，线路也越来越复杂，科吉开始在自己的官方网站上公布送餐线路，方便粉丝们提前知道该在哪儿等候美食。然而这并不会替代 Twitter 的作用，因为变数永远存在，不管是堵车、排队的人太多还是警察骚扰，都会让原定计划改变。科吉烧烤的粉丝还是必须要刷新 Twitter 看最新的线路，而已经在等候的人则需要用手机刷新来知道自己还要等多久。科吉还会根据热点事件推出相应的临时性菜品，这些变化同样被发布在 Twitter 上。粉丝眼中的科吉烧烤，永远是充满悬念的。它在哪里？它卖什么？谁是排在第一位的人？什么路线可以最快到达下一个售卖地点？……科吉的 Twitter 上永远喧闹着，吸引粉丝参与这场快乐的游戏。

　　Twitter 营销的效果怎样，取决于有多少人真正在现实中光顾了商家，并宣传、讨论他们。为了让 Twitter 上的粉丝在现实中同样也被吸引，科吉把餐车变成了一种社交方式。这是你在洛杉矶的繁华地带不常看到的景象：科吉卡车所到之处，人们在人行道上闲逛，一边吃东西，一边听音乐、交谈。虚拟世界里的一切被带入现实，实现了面对面的互动，然后，粉丝们在 Twitter 上热烈讨论着他们在等待科吉的过程中结识的朋友，发生的趣事。这正是罗伊他们想要的。

　　科吉烧烤与粉丝们充满温情的互动甚至成为一种新的营销文化。他们请粉丝为科吉烧烤设计 T 恤衫，给餐车起名字，甚至创作歌曲，粉丝们将照片和视频放在 You-Tube 等网站上，主动为科吉烧烤宣传。除了进行市场营销，提供一个场所，创造互动，科吉还使用 Twitter 从客户那里得到反馈和进行沟通，回应客户的问题、要求和投诉。科吉永远与粉丝保持持续的对话，让他们觉得自己是科吉的一分子，参与了公司和品牌发展的进程。

　　有这样一个流传广泛的比喻：当你的粉丝超过 100 人，你就像是本内刊；超过 1 000 人，你就是个布告栏；超过 10 000 人，你就好像是本杂志；超过 10 万人，你就是一份都市报；超过 100 万人，你就是一份全国性报纸；超过 1 000 万人，你就是电视台……这对微博上每个用户的影响力做了很好的诠释。我们可以将微博的价值归纳出以下 5 点：

　　①企业对外信息公布的窗口。

　　②企业的活动平台。

　　③企业服务的一个组成部件。

　　④传播企业相关信息报道。通过转发其他第三方微博或者媒体的相关信息，促使正面报道在所关注人群中的最大化传播。

　　⑤建立企业品牌形象的平台之一。

　　既然微博的价值对于企业来说显而易见，那么在实践中，究竟如何使这些价值最大化，成为有影响力的微博，必须要从以下几个方面去实现。

　　1）会展企业微博的定位

　　传统会展企业要想充分发挥微博的优势为营销服务，就必须了解这个战场，给自己一个明确的定位。企业的定位决定了粉丝的商业价值,许多企业微博经常面临粉丝人数众多,但转发和评论数量寥寥可数,关键就是定位不明确。

新生代市场监测机构与群邑联合开展的一项调研表明:在用户使用微博的众多原因中,排在最前面的依次是表达自我情感、记录生活与成长、释放情绪,紧接着是分享观点、学习新东西、了解朋友状态和关注最新的新闻资讯等。从这些用户的使用动机中不难看出,企业微博需要带有明显的品牌个性化特征,因此,对于企业微博营销来说,首先需要思考的是定位。只有定位明确了,才能更准确地传递品牌精神,才能找到真正的受众,为下一步积攒有价值的粉丝打基础。需要注意的是,企业官方微博看起来是企业品牌的外套,其实在运用过程中,每一点每一滴,无不都在传递和塑造品牌的价值观。

企业微博个性化的表达需要考虑两方面:一是发布上应该轻松幽默;二是对于回复也应该生动有趣,亲和力十足,坚持尽量和每一个粉丝、每一个潜在消费者互动,建立情感上的连接。千万不要把微博作为官方发布消息的平台,使用冰冷的官方口吻只会增强粉丝点击取消关注的勇气。现在有些企业微博使用拟人化的口吻,效果相当显著。例如碧浪的官方微博就塑造出"碧浪姐"的形象,因为其官方代言人是台湾知名主持人小S,所以微博的定位是幽默活泼,希望粉丝在互动时犹如和小S聊天一样活泼有趣。"碧浪姐"的幽默化的语言有"连碧浪姐都不认识,Not Fashion!""洗衣不识碧浪姐,纵做时尚也枉然。"不但吸引了大量的粉丝来围观,同时连带蓝V的微博用户(即企业微博)也纷纷加入"调侃"的行列,用拟人化的语气共同成就了2011年的"蓝V门"奇景。

【实训项目8-5 微博建立——步骤5】

第一步:选择一个展会,尝试申请注册企业微博,填写注册资料。

第二步:学习如何加V认证。

为了增加微博用户对微博平台的信任度,同时确保微博账号的真实性,用户可以选择加V认证,提供粉丝信任的重要凭证。由于加V认证需要提交真实可靠的资料给微博平台,在实训中难以实现,但我们可以尝试通过浏览申请"认证"页面,学习需要提交哪些资料。表8-2、表8-3为新浪的加V认证流程,以供参考。

表8-2 新浪加V认证简介表

	认证标志	认证条件	认证范围
新浪个人认证 (橙V)	V 新浪认证	1.微博账号 2.绑定手机、有头像 3.粉丝数≥50人 4.关注数≥50人 5.互粉橙V好友≥2人(且橙V身份需满30天以上;橙V好友开通辅助认证功能;橙V好友当月辅助认证人数≤60人)	支持娱乐、体育、传媒、财经、科技、通信、人文艺术、汽车、旅游、动漫、育儿、教育、军事、科普、房地产、交通运输、健康医疗等领域知名人士认证申请

续表

	认证标志	认证条件	认证范围
个人认证标准		1. 新浪微博个人认证已面向28个分类486个职业的知名人士和行业精英开放自助申请认证,如需申请,请进入认证首页提前提交申请。 2. 认证必须提交的基本资料:身份证、职位证明的照片或扫描件(职位证明要有职位体现,描述准确,并加盖公章),两者缺一不可,也可以根据具体情况,提供证明个人成就和公众知名度的资料。	
新浪机构认证(蓝V)	Ⓥ 新浪认证	◆微博账号(架构 Logo)或形象 ◆有头像 ◆关注、粉丝数≥10 ◆微博数3个 有相关领域方面的完善的证书及证明	政府、媒体、企业、网站、校园、应用、机构团体、公益组织等官方认证提交的申请
机构认证标准		1. 认证范围:国内外、各级、各类政府机构、事业单位等。 2. 认证要求:昵称规范合理,有头像,发表过微博,认证说明需填写机构全称,政府机构V用户全部进入名人堂。 3. 信息资料要求:证明资料、信息资料、申请等。	

表8-3 新浪红V和蓝V认证流程表

	正规认证途径	正规认证周期
个人认证(红V)	1. 打开微博首页,登录微博把网页的拖动条拖到临近最下面 2. 点击"认证&合作"一栏下的"申请机构认证"的个人认证下的"立即申请";填好相关的身份证明后,提交个人认证申请 3. 等待审核结果	新浪正常工作日1~3天
机构认证(蓝V)	1. 打开微博首页,登录微博把网页的拖动条拖到临近最下面 2. 点击"认证&合作"一栏下的"申请机构认证"的机构认证下的"立即申请";填好相关的身份证明后,提交机构认证申请 3. 等待审核结果	新浪正常工作日5~7天

第三步:添加和优化用户标签。

很多用户都忽略这个功能的重要性,其实标签对于增加粉丝有重要的作用。首先,粉丝能够通过标签认识你的身份,最后决定是否关注你;其次,在标签搜索列表中出现,容易被对这类标签感兴趣的人发现与关注。所以,标签对目标消费者有吸引力,例如会展企业的标签,应该开门见山,标注"展会""会务""博览会"等字眼。另外,不要选择过分热门或过于冷门的标签。当你选择热门标签,如#新闻#、#时尚#等,很可能由于搜索结果靠后,影响微博曝光;若过于冷门的标签,可能没有用户主动搜索,失去作为标签的意义。

第四步:选择并利用关注用户,增加粉丝。

人际关系网是微博作为社会化媒体的核心,所以我们可以从朋友开始推广微博。你可以先关注你的朋友,让他成为你的粉丝,也可以通过QQ、MSN的签名档去推广给暂时没有开通微博的朋友,影响他们去开通,成为他们第一个粉丝。除了提醒关注外,还需要跟这些朋友们进行互动,例如互相@和转发你所发的微博,因为这样,你好友的粉丝也能在他们的页面中出现你微博的信息,若感兴趣,他们可能也变成你的粉丝,达到推广的目的。

2)会展微博运营的内容规划

企业微博持续经营还需要在内容设置上下功夫,学会讲故事的技巧。在微博上的用户都有无穷的好奇心,他们爱围观爱评论,所以适当发表第一手资料的话题能够增加用户微博的黏性。例如会展的背后故事,开展前的准备工作,企业员工和领导的小故事等,都可以给粉丝带来趣味性和新鲜感。在发表微博内容时,一定要注重用户体验,以用户为中心,制定客户规划,分析用户的行为和需求。

发布时间和数量也是微博内容规划的重要环节。经国内微博专家和企业实践家的探索发现,有3个微博的高峰时段是值得关注的:9:00—12:00,15:30—18:00,20:30—24:00,这几个时间段登录用户最多,以及发布微博数量最多。另外,工作日和周末的微博黄金时间又有所区别。在工作日一般集中在上午和晚上,而在周末和节假日,则因为睡懒觉,所以下午和晚上才是微博的活跃高峰期。微博发布频率不宜过度频繁,在20分钟到1小时一条为佳,一天最多发布20条微博,而且必须保证微博的质量。在微博的世界中,永远质量优先,一条优质的微博能让企业起死回生,大量低质量的微博则会影响网友体验,让关注者失望,不但达不到传播目的,还可能对企业的好感度剧降,并且取消关注。

企业应规划好微博的内容架构,知道何时该说何话,以及该怎么去说。切记"内容为王"是微博经营的重要法则,通过优质的内容,让粉丝每天期待你的微博,并与提出投诉意见的人成为朋友。

【实训项目8-6 微博经营——步骤6】

学生搜索最近热点,分析其他品牌如何向目标粉丝宣传推广;尝试与所选会展结合,创作并发布文字或图片的3个微博。

3)微博营销活动策划成功模式

社会化媒体的本质是人,是沟通,而非平台。微博作为社会化媒体之一,当然也不例外。所以,微博营销成功的关键是,争取用户有限的注意力这一稀缺资源,大家可以学习以下3个成功模式:

(1)口碑传播

口碑传播,不但是现今世界最廉价的信息传播工具,而且还是高可信度的优质宣传媒介。除了消费者直接的使用体验、大众媒介和企业的市场营销活动之外,亲友的口碑也是影响消费者态度的四大因素之一,并且随着微博的日益发展,口碑传播日趋重要。

其中,海底捞就是一个口碑传播的成功例子。它借微博营销大势,通过口碑传播海底捞优质服务,成为网友争相追捧的"海底捞体"。

"昨天在海底捞,无意中跟朋友抱怨京东抢的奈良美智大画册怎么还没到货,结果服务员结账的时候问了我京东会员账户,今天一早三本大画册都送来了!"就是这条关于海底捞的微博转发了31 000多次,并且登上了当时的微博热门排行榜。海底捞看到这个机遇,制作出海底捞体,其基本模板是:某天我在某海底捞吃火锅,席间我无意间说了一句……(包括但不限于愿望、情绪、抱怨、看法),在我结账时……(海底捞实现愿望,安抚情绪,例如送亲制玉米饼,送贺卡文字祝福,送礼物,免单等)。网友由于被亲朋好友所转发的铺天盖地的海底捞体感染,自发参与制造段子,免费帮海底捞宣传品牌,在潜移默化中,认同"优质服务=海底捞"。在这次全民海底捞的网络运动中,不但打造出"人类已经无法阻挡海底捞"的品牌形象,而且海底捞的知名度迅速提升,在微博平台与搜索引擎的话题搜索近84万,词条逾400万。许多网友虽然没有接触过海底捞,但基于网络上各种神乎其神的关于海底捞的口碑传播,网友们都对海底捞充满期待,提升了品牌的知名度和美誉度,海底捞式的服务,不但成了整个餐饮业的服务标准,也在消费者心目中树立了提供最优质服务的餐饮品牌形象。

(2)事件营销

微博事件营销,是指企业在微博平台上,结合具有新闻价值、社会影响以及名人效应的人物或网络事件策划和创作,吸引媒体、社会团体和消费者的兴趣与关注的话题,以求提高企业或产品的知名度、美誉度,建立良好品牌形象,并最终促成产品或服务销售的营销手段。之前,微博上兴起的热门事件,例如"元芳体""甄嬛体""离骚体""诗经体""淘宝体"等网络文体,在无意间爆红于网络,造成许多网友跟风模仿。不少企业结合自身品牌形象和特点,根据这些热门事件创作出微博段子、文案或者图片,不但符合普罗大众的口味,引起他们的共鸣,转发量和评论量马上大增,曝光量倍增。比如,在2012年伦敦奥运会期间,刘翔在第一栏摔倒,随后单脚跳完全程的事件中,刘翔的赞助商Nike在赛后1分钟内更新微博,精彩的文案"谁敢在巅峰从头来过,即使身体伤痛,内心不甘。让13亿人都用单脚陪你跳到终点"和符合奥运期间Nike举办"活出伟大"活动风格的图片文案"谁敢拼上所有尊严,谁敢在巅峰从头来过,哪怕会一无所获,谁敢去闯,谁敢去跌,伟大敢"(图8-2)一经发出,3小时后网友转发10.36万次,评论1.7万次,而且支持刘翔和Nike居多。在这次"刘翔事件"后,Nike不仅挽救了刘翔的形象,同时,为自己的品牌公关打了漂亮的一仗,"活出伟大"活动更受到众多网友的追捧,争相写"伟大体"来支持。

需要注意的是,每个热门事件都有产生、成长、高涨、退潮4个阶段。企业要把握热点的成长过程,紧贴热点,不要等热门过时后再跟随,那时已了无新意,无法引起网友的乐趣了。

(3)奖励政策

奖励政策是企业微博吸引粉丝关注与转发最快速见效的方式,因为没人能抗拒"免费的午餐"。在微博上的互动活动,几乎只要和奖励挂上钩都能够获得转发,一时间,企业的粉丝数量和转发数量大增,曝光率也随之增加。但是,这种被关注的情况只会持续到活动结束,当粉丝没有中奖,并且发现你的企业微博并没有吸引人的内容时,自然会取消关注。

而且,随着有奖活动被滥用的情况越来越严重,有奖活动在不少企业微博为求得粉丝和转发量,推送一些虚假的奖励信息,iPhone 系列就是最先受欢迎的奖品。但凡 iPhone 为奖品的活动都能获得大量的转发,但是活动截止后,不少网友发现是个骗局,企业不是将微博名称换掉,当没事发生,就是随便找个托获得奖品了事。正因为骗粉骗转发的变味奖励事件层出不穷,所以网友已经对奖励,尤其物质奖励产生怀疑心理。

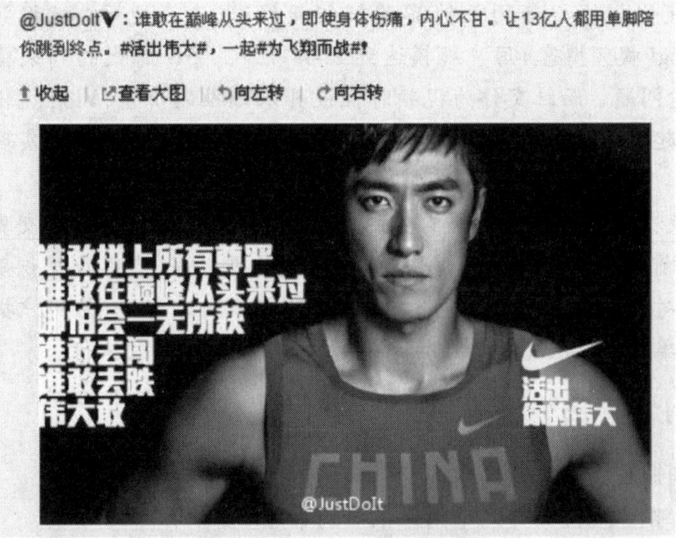

图 8-2　Nike 的微博事件营销

所以,企业微博要合理使用奖励机制,所谓"成也奖励,败也奖励"。如果活动能够配合好的创意,注重情感主题,具有一定的挑战性和趣味性,并设置具有品牌特点的奖励,这样奖励政策才有营销的意义,才能实现企业与粉丝情感互动的目的。

【实训项目8-7　如何看待短视频营销——步骤7】

2019 中国短视频营销行业现状及发展趋势分析

2019 短视频广告市场规模将进一步扩大

iiMedia Research(艾媒咨询)数据显示,中国短视频用户规模 2019 年达 6.27 亿人,短视频市场规模突破 200 亿元。艾媒咨询分析师认为,短视频内容的丰富性和形式的多变性可以为品牌提供更碎片化、更沉浸、更立体的营销内容,短视频广告市场规模将保持上涨态势。社交原生内容比传统更能触达主流消费人群,比起传统广告的千人一面,社交原生 KOL 内容更精准。艾媒咨询分析师认为,随着渠道及媒体越来越碎片化和垂直,广告投放从单一到精细化多平台组合,从头部寡头到精细的中长尾多节点投放,简单曝光已经满足不了广告主的投放需求,广告市场对于广告投放效果的转化要求越来越高。

MCN 机构助推短视频营销创新

预计到 2020 年,中国短视频 MCN 机构[MCN 是源于国外成熟的网红经济运作方式,将专业 PGC(视频原作者)联合起来,在 MCN 机构资本和官方(比如抖音)流量支持下,为视频作者提供商业变现及流量扶持,从而保障达人的内容质量数量与收入,多方共赢的机构]数量将超 5 000 家。作为短视频营销产业重要一环,MCN 机构当前已实现将服务生态延伸,提供孵化、制作、运营、推广、变现等全方位服务。同时,随着大数据、5G、AI 技术的应用落地,MCN 机构进一步提高商业化效率,助推行业创新改革。

中国短视频营销行业未来发展趋势

当前,短视频与美食、短视频与旅游等内容的结合应用已在用户群中逐渐渗透。未来,短视频或将持续变革移动营销。随着产业链上下游对垂直领域的关注,用户和 MCN 内容创作的垂直化与短视频的无边界营销相互促进,未来更多"短视频+"将会普及。2019 年中国 Vlog(视频博客)用户规模达到 2.49 亿人。5G 时代的到来将解决视频社交现存最大的流量问题。而社交作为视频时代最具基础性的价值,Vlog 凭借其巨大的社交潜能,有望构建起以用户为中心的社区网络,推动深度的社交和互动,实现短视频社交的爆发。

短视频投放交易平台通过融合自身的数据和技术优势,为品牌社交舆情和行业投放数据,为营销做前期决策。通过自媒体受众数据、效果数据、虚假数据识别体系精选合适的自媒体;通过对内容的识别及智能分析,助力自媒体内容智造,为用户提供更对味的内容,通过自动派单交易以及完善的质检系统,帮助投放快速高效执行。

【实训追问】

1. 你喜欢刷短视频吗? 什么内容和形式的短视频最吸引你?
2. 自己试着拍个短视频并列举出你拍摄的难点。
3. 会展活动和会展企业的短视频营销怎么做? 请整理出你的想法。

【实训项目 8-8　会展企业的新媒体营销——步骤 8】

毕加展览有限公司的新媒体营销尝试

毕加展览有限公司是一家专注于展台设计搭建、会展品牌策划、展馆展厅一体化工程的专业总承包服务企业,注册资金 5 000 万元。提供国内外展览设计、广交会展台搭建、展览馆设计、摊位装修、专卖店装修、展厅装修、舞台设计搭建全方位服务体系,总公司在广州,在北京、上海、长沙、成都、武汉、深圳、南昌、新加坡等地设有分公司,拥有自己的大型展览制作工厂,面积达 5 000 多平方米。

2020 年新冠疫情期间,第 127 届广交会于 6 月中下旬在线上举办。这是中国历史上最为悠久的贸易盛会首次完全以网络形式举办。毕加展览董事长戴俊吉说,以前公司只帮客户企业做展台和展厅,现在通过直播帮合作伙伴培训业务,还帮他们拉订单,大家一起合作拧成一股绳,肯定还有市场机会。毕加展览有限公司总经理易豪获评第十一届中国电子商务十大牛商,他带领毕加公司在抖音平台上直播并录制短视频,还设立了网上展厅,是传统会展企业+互联网的标杆和代表。

【实训拓展】

请课后完成以下任务:
1. 总结毕加展览有限公司在抖音平台上的营销内容。
2. 制订会展企业新媒体营销计划书。

任务3 品牌营销创新

活动1 品牌营销内涵

随着市场经济的发展,品牌尤其知名品牌的重要性越发突出,品牌营销也成了赢得顾客和市场竞争的制胜之道。会展业与其他行业一样,需要品牌营销,打造会展品牌,从而不断提高会展业的竞争力,更好地推动会展经济的蓬勃发展。

世界著名广告大师大卫·奥格威(David Ogilvy)对品牌曾给予以下定义:"品牌是一种错综复杂的象征,它是品牌属性、名称、包装、价格、历史声誉、广告方式的无形总和。品牌同时也因消费者对其使用的印象,以及自身的经验而有所界定。"这就意味着,品牌是产品或服务的质量和信誉的象征,其体现了消费者对该产品或服务的综合评价。因此,打造会展品牌,可以让参展商和观众在心理上获得质量和信誉上的保证,降低购买产品和服务的风险。

1)会展品牌的定义

品牌形象是品牌构成要素在人们心理的综合反映。例如,品牌价值、商品属性、品牌标记等给消费者留下的印象,以及人们对品牌的主观评价。品牌忠诚、品牌资产、品牌价值等最终必须经过消费者综合评价这一关键步骤才能实现,消费者心理对品牌的认知从根本上影响着消费者的行为,并最终决定着品牌的真正价值。会展品牌是品牌的一种,它是商品价值或服务价值的综合表现。会展品牌,指的是它区别于其他会展的某种特定标志。它具有一定的规模,能反映这个行业的发展趋势,对该行业的发展具有较强的影响力,通常是以某种名称、图案、记号、识别符号以及上述因素组合所构成的。

会展品牌,是通过使用识别某个会展组织者或者某个特定展览会的名称、术语、标记、符号、设计以及这些要素的组合运用,作用是辨认某个组织者办展的产品或服务,和区别于其他竞争对手的产品或服务。

2)会展品牌的特征

①代表行业的发展方向。

②拥有现代化的展览硬件设施。

③具有现代化的软件设施和最前沿的信息技术。

④优质的专业化服务。

3)会展品牌的意义

(1)增强会展差异化程度

会展是为目标市场提供一种差异化的利益,创造一种差异化的竞争优势。当差异化程度越高,会展受到参展商和专业观众欢迎的可能性就越大,排斥新竞争者的壁垒就越高,竞争优势和获利能力就越强。任何一件产品都有可能被竞争者模仿,但只有品牌是独一无二的。参展商和观众是根据自身需求、目的、展会价格、方便程度和品牌因素而选择自己喜欢的会展。打造会展品牌,就是要提升会展差异化程度,增强会展的吸引力和影响力。

（2）巩固参展商关系

人际关系网络对销售产生重要的影响,体现在两个方面:一是它代表了人心理上的亲近和认同;二是它也为未来销售渠道的改造和扩大创造了可能性。打造会展品牌,就是要让参展商一闻其名就会联想到其所提供的优质服务,从而产生信任感,并形成对会展品牌的忠诚度,建立良好的合作关系。

（3）提升会展经济利益和社会效益

要想会展一届接着一届成功举办下去,这离不开大量参展商的参展。参展商的参展费是展会的经济基础,因此打造会展品牌,就是要增强会展对参展商的感召力,从而获得较高的市场占有率和经济利益。参展商愿意、乐意参展,是因为他们很希望在品牌会展中获得大量订单,并从中获得一种心理满足。即使参展费用大大高于其他同类的会展,他们也乐于倾囊。另外,会展品牌不仅能给会展企业带来增值功能,而且还可以获取较强的社会效益。在企业内部,员工为拥有卓越品牌而自豪,愿意在自己所热爱的会展企业里打拼,与企业形成命运共同体,从而产生 1+1>2 的效应;在企业外部,卓越品牌可以网络化经营,特许经营。

4）正视会展品牌问题

（1）只关注会展知名度,不重视品牌定位

会展品牌知名度固然重要,但是,许多会展并没有确立自身正确的、独特的定位,未能让消费者明显地感觉和认知到此会展和其他会展的差别,留下深刻的特殊印象。目前,我国会展品牌发展的主要问题是品牌特色不鲜明,品牌识别度不高。一些会展业通过制造噱头,追求短期知名度的提升,这让消费者虽然听说过这个会展,但对会展的主题、特点却一无所知,更毋论该品牌在消费者心目中的印象和地位。这些问题对品牌的形象和传播是十分不利的。

（2）品牌层次感欠缺,持续价值低

目前,我国很多会展的形象层次感不足,更缺乏品牌内涵和持久力,当会展失去持续价值,市场份额逐渐流失,最终将会被市场淘汰。持续价值是会展品牌长盛不衰的关键要素。因此,会展品牌要不断推陈出新,紧扣时代脉搏,强化优质服务的每一个环节,还要持续以新的广告宣传品牌形象,向消费者传播新的品牌价值。

（3）与传播形象差异大

我国会展企业在品牌传播中常犯一个错误,就是不按客观现实传播,而是根据自己的期望形象传播,过度夸大品牌形象。一些会展商不愿投放心思在打造品牌、引进人才和改善服务上,总是企图依赖传播来提升消费者的好感,但实际效果却与期望大相径庭。要知道消费者在体验会展过程中,如果感到品牌形象与实际情况相差悬殊时,那么他们原来所建立的好感就会大幅度下降,甚至有可能会对品牌完全失望。

活动2 会展品牌的创新点

【案例导入】

火人节(Burning Man Festival)是一年一度在美国内华达州黑石沙漠举办的活动,九天的活动开始于前一个星期天,结束于美国劳工节(9月第一个星期一)当天。火人节这名字始于最后一晚焚烧巨大人形木肖像的仪式。这个活动被许多参与者描述为社区、激进的自我表达,以及彻底自力更生的实验。在为期9天的"火人节"中,内华达州的黑石沙漠被五光十色的奇异建筑打造成一座光怪陆离的狂欢之城。"火人节"的节日主题是"疯狂展现自我",狂欢者在沙漠的高温天气下进行各种个性表演,并在"火人节"的最后一天夜晚将专门建造的巨大人像,所有的布景和道具都烧成灰烬,整个节日庆典推向高潮(图8-3)。

图8-3 火人节

一、历史

火人节起源于1986年拉里·哈维、杰里·詹姆斯和几个朋友在旧金山的贝克海滩开始的夏至营火仪式。他们烧毁了9英尺(2.7米)木制人像及一个较小的木狗(图8-4),连续进行了几年。1990年活动被警方以无许可证为由中断,于是他们移往内华达州的黑石沙漠举办。活动由黑石市(Black Rock City LLC)有限公司主办,参加人数每年剧增,2008年共有49 599人参加了火人节。

图8-4 火人节

二、地点：黑石市

来自世界各地的 Burner 每年同一时间在这个寸草不生的荒漠里凭空兴建起一个只有 8 天寿命的"城市"，城市内唯一提供的设施是厕所，唯一售卖的物品只有两样：冰和咖啡。其他任何生活用品均须自带。8 天过后，"居民"离开，所有垃圾自己打包带走，片甲不留，城市人间蒸发，又恢复成荒无人烟的沙漠(图8-5)。

图8-5　火人节后沙漠

三、特色

随着火人节的影响力越来越大，发起者拉里哈维为火人节活动定下了10项原则：激进的包容、给予、去商品化、彻底的自力更生、激进的自我表现、社区工作、公民责任、不留痕迹、参与和立即性。

图8-6　火人节

图8-7　火人节

火人节主要以外来艺术和富于想象力的艺术作为号召，然而活动期间更出现多样的艺术形式。众多向黑石公司注册的主题营，是由庞大的参与者子社群建立的活动和居住中心，使用大量的设计和艺术元素，是为了吸引更大的社群和满足黑石公司的互动性要求。音乐、表演和流动街头戏剧是在营地及城市建设区里常见的艺术形式。紧连着城市，拉洪唐湖干燥的湖床则树立着数以百计的艺术品，从小型到非常大型的艺术装置都有，通常是动力学、电子和火的元素的雕塑(图8-6、图8-7)。

四、主题

自1995年以来,拉里哈维给予每一年的活动不同的主题。2006年的主题是希望和恐惧,2007年是绿人,2010年则是大都会。它在一定程度上决定了被燃烧的巨型人的设计,主题对与会者在使用艺术品、服装、营地和车辆也有很大的影响。"火人节"从1986年(第一届)只有8英尺高的"火人"和20人参加的劳工聚会,发展到现在"火人"高达40英尺、有5万人参加的大型节日。十多年来的活动主题也各不相同,有"地狱""肥沃""躯体""时空"和"7个世纪的人"等(图8-8、图8-9)。

图8-8 火人节   图8-9 火人节

五、特殊意义

1.考验生存

"火人节"的阵地不是山清水秀之所,而是寸草不生之地——黑岩沙漠,这里有着107华氏度(约合41.6 ℃)的高温,以及变化无常的天气。在几乎没有任何外部供给的情况下,想要在这里生活8天,绝对是一次体能、智慧的考验。

2.发挥创意

在黑岩城里,你可以带任意你想要带的东西进来,创建你的栖居之所、制作雕塑、进行艺术展示等。来自世界各地的朋友们展示了精彩纷呈的智慧和创意,因此,如果你看到了一个蛋壳帐篷、一间由光线搭建的房子或者一辆鱼翅状的汽车,请不要惊讶。你也可以在自身大做文章,奇装异服、古怪行为,在这里都是可以接受的(图8-10)。因此,也有人把"火人节"看作一次大型的行为雕塑、建筑艺术的聚会。

图8-10 火人节

3. 释放自我

"火人节"上,你完全远离你原来生活的世界,在这里寻找一片完全属于自己的8天伊甸园。没有人询问你的过去,没有人打扰你的未来,你可以在这里完全释放自我,实现你平日生活中的梦想。比如,寄一封写给天堂的信,诉说衷肠,然后付之一炬。

4. 夜晚狂欢

夜晚是"火人节"的黄金时光。在"黑岩城"的中心营地会举行一些大型的派对和狂欢,让你燃烧激情。

5. 瞬间幻灭

黑岩城是一个临时之城,它因活动开始而生,因活动结束而消失。于是,当活动结束时,黑岩城也人间蒸发,不留痕迹地恢复成荒无人烟的沙漠。8天在这里发生的一切都将随风而逝,化成你脑海里鲜活的回忆。

六、1986—2012 年火人节回顾(表 8-4)

表 8-4 历届火人节回顾

年份	火人高度/米	地 点	参与人数/人	门票/ $	主 题
1986	2.4	贝克海滩	20	免费	无
1987	6.1	贝克海滩	80	免费	无
1988	9.1	贝克海滩	150 ~ 200	免费	无
1989	12	贝克海滩	300 以上	免费	无
1990	12	贝克海滩 & 黑石沙漠	500(贝克海滩)/ 120 黑石沙漠	免费	无
1991	12	黑石沙漠	250	无提及	无
1992	12	黑石沙漠	600	无提及	无
1993	12	黑石沙漠	1 000	无提及	无
1994	12	黑石沙漠	2 000	无提及	无
1995	12	黑石沙漠	4 000	35	无
1996	15	黑石沙漠	8 000	35	公司地狱
1997	15	华拉派河岸	10 000	65	肥沃土地
1998	16	黑石沙漠	15 000	80 ~ 90	朦胧的实体
1999	16	黑石沙漠	23 000	65 ~ 130	时光之轮
2000	16	黑石沙漠	25 400	200	躯壳
2001	21	黑石沙漠	25 659	200	七个时代
2002	24	黑石沙漠	28 979	135 ~ 200	悬浮都市
2003	24	黑石沙漠	30 586	145 ~ 225	超越信仰
2004	24	黑石沙漠	35 664	不详	苍穹
2005	22	黑石沙漠	35 567	145 ~ 250	心灵之旅

续表

年份	火人高度/米	地 点	参与人数/人	门票/$	主 题
2006	22	黑石沙漠	38 989	185~280	希望和恐惧:未来
2007	20	黑石沙漠	47 366	195~280	绿人
2008	30	黑石沙漠	49 599	210~295	美国梦
2009	20	黑石沙漠	43 435	210~360	进化论
2010	30	黑石沙漠	51 454	210~360	都市化生活
2011	32	黑石沙漠	53 963	210~360	过渡仪式
2012	未知	黑石沙漠	56 149	240~420	繁殖2.0

1)会展与地方特色相结合

随着会展经济的发展,城市与会展品牌的关系日益密切,一些知名的会展品牌甚至成为城市的象征和代表。例如:提到广交会就联想到广州,提及啤酒节就联想到青岛,说到冰雪节就联想到哈尔滨。会展与城市间的互动关系体现为:城市经济的繁荣为会展品牌的创建和发展提供了坚实的基础和条件;而品牌会展不但为会展举办地的城市带来巨大的经济效益,而且还可以增加地区间的经济、文化交流,加速推动城市基础设施建设,提高城市知名度,优化地区的经济结构。二者间的良性互动关系有力地推动了城市与会展品牌的共同发展。

随着会展对城市经济发展的影响力越来越大,探索出符合地方发展会展品牌的策略也越来越重要,以下是在探索过程中所归纳的创新策略:

(1)以特色的项目确定品牌定位

地方会展品牌的与众不同之处在于其特色鲜明。一方面会展市场需求决定着会展项目的策划与品牌定位,另一方面具有特色的会展项目也引导着市场消费和管理决策。在打造会展品牌的过程中要对会展市场进行细分和准确的市场定位,针对目标市场设计出富有特色的会展项目,最终形成城市会展品牌独特的定位。

(2)以卓越的品质奠定品牌价值

产品和服务是品牌的具体表现形式,而品质是品牌的核心价值体现。因此,若地方会展提供的产品和服务具备卓越的品质,定能形成品牌,为消费者带来丰富的品牌价值,甚至成为地方形象的代表。

(3)以良好的关系树立品牌形象

会展业作为国民经济中的重要部分,它对城市经济的带动作用日益显现出来。会展业的带动作用,使它涉及很多相关的利益群体,包括政府机关、参展商、观众、会展企业、媒体、社区以及其他相关部门。因此,会展品牌的构建还需要处理好与这些相关的利益群体之间的关系。

(4)以有效的营销扩大品牌影响

要采取有效的营销方式推广会展品牌,扩大会展品牌的知名度和影响力,从而促进会展品牌的持续发展。可采用三维营销方式宣传会展品牌,在不同时期采用不同的会展营销策略,在不同的地域采用不同的会展营销策略,针对不同的对象采用不同的会展营销策略。

(5)以先进的技术助推品牌创建

现代科学技术能为会展品牌形象和价值的形成创造良好的基础。例如,通过网络技术和信息技术宣传会展品牌的相关信息,对前来参观的参观商和观众更具新鲜感和吸引力;利用高端的物流技术为参展商提供优质的物流服务;通过科学合理的布展技术为参展商提供相应的布展服务。

2)体验式会展

经济价值演变过程分为4个阶段:商品、货品、服务和体验。随着经济发展和社会进步,我们已经进入体验经济时代。不同的经济价值核心决定了不同的消费利益诉求点,从而衍生出不同的会展营销模式。在以往的营销模式中,我们强调以商品为主、以服务为辅。例如,电器产品,消费者关注的是性能好、稳定、效率高。在体验经济中,品牌体验是追求感性与情景的诉求,关注消费者和商品之间的互动,通过以服务为主、以商品为辅的体验模式,为消费者创造一个难以忘怀的活动。例如,在家电展中,所有电器品牌都推出"节能"概念的空调、冰箱,而"节能"对于消费者来说,只能从官方数据中感知,但孰真孰假难以分辨,消费者最终只能通过口碑、价格等做出选择。但是,如果可直接通过现场展示不同型号的空调进行对比,让消费者感知温度、看见电表等感官刺激,并能让他们参与操作,以及现场引导消费者如何更节能地使用家电知识等,那么效果就大不一样了。现在,品牌体验已在会展中被广泛运用,它不但能够获得更多新的消费者,同时,激发消费者进行品牌体验,从而实现有效促销。因此,体验营销成了会展营销新的发展模式和利润增长点。

与过去不同的是,商品、服务对消费者来说都是外在的,而体验是内在的,它存在于人的心中,这是个人在形体、情绪、知识上参与的所得,即个人体验,例如:感官(Sense)、情感(Feel)、思考(Think)。但是,各人的体验不会完全一样,因为体验是来自个人的心境与事件的互动,是必须有相关群体的互动才会产生的体验,即共享体验。案例中的"火人节"之所以流行,正是因为它能满足个人的感情需求:平时,他们为了适应社会生活戴上各式各样的"面具",但在为期8天的"火人节"中,可以抛开现实束缚,做回真正的自己;同时,共享体验也得以满足,在这个原始的乌托邦中,有一群志同道合的人一起完成"感受最真实的自己"的神圣仪式。

在体验营销中,会展业可采用各种营销策略,让顾客产生相应的体验。这些策略包括产品体验策略(Experiential Product)、渠道体验策略(Experiential Place)、促销体验策略(Experiential Promotion)、服务体验策略(Experiential Participator)等。

(1)产品体验策略

体验营销时代虽已来临,但在相当长的时间里产品仍是消费者的关注点,而有所不同的在于关注产品方式。利用体验产品来确认产品是不是消费者所需,则是最直接、最有效关注产品的方式。例如:2004年,成都商报曾策划举办一次车展。这次车展不在豪华展厅举办,而是选择在汽车车间举办,消费者跟随向导参观现代化汽车工厂,近距离目睹汽车如何组装而成。这个非传统的车展获得了巨大成功,不但销量大幅增加,而且通过车间的现代化设备和员工的工作态度,向顾客传递了制造商追求品质的品牌文化,从而对品牌提升了好感度和信任感。

(2)渠道体验策略

会展的渠道体验,是指消费者参与会展活动过程中所收获的一切体验。便利的交通、个性化的停车场设计、愉快的排队等候过程、专业的优质服务、良好的人机互动、安全的网上交付、新奇有趣的目录设计等细节都能给消费者留下深刻的印象,大幅提升对会展的好感度。在产品展示方式上,不少会展采用各种方式吸引消费者,例如迪斯尼模式,模拟一些跟产品相关有趣的场景,通过最新的多媒体技术设计与消费者互动环节,让消费者犹如玩游戏一样去体验不同的场景;又如,在泰国号称世界最大的珍宝苑珠宝展示中心,设置了供消费者乘坐的模拟矿车,让消费者参观珠宝销售中心之前,先进入与宝石相关的模拟场景,参观宝石采挖、宝石加工等,还通过特殊的音响、灯光、干冰等,使模拟场景更趋真实感,让消费者难忘这一体验经历,加深对珠宝公司产品的认知,促进销售的提升。

(3)促销体验策略

促销体验策略是会展企业和参展企业最重要的营销策略,也是体验营销的重要环节之一。据统计,每年广告商在促销方面都花费70%~80%的总费用。建立良好的促销体验平台,是保障信息沟通、交流顺畅的关键前提。

促销体验有着悠久的历史,促销的工具主要有消费者促销(如样品、优惠券、赠品、奖金、光顾奖励、免费使用、产品保证、产品陈列和示范等)和交易促销(如购买折让、广告和展示折让、免费产品等)。有效促销的关键在于超出消费者的期望,并予以惊喜。因此,促销策略的核心就是充分运用惊喜原则,将消费者试用产品过程转化为一种愉快的体验,从而激发消费者的购买欲望。在会展中,摆放在展台上的各种试用品和宣传册就是属于促销体验的一种,消费者浏览册子和试用产品的时候,大脑会产生潜移默化的影响,最终让消费者产生购买产品的意向或决定。

(4)服务体验策略

服务体验,此处的服务主要是指为顾客提供各种为消费者制造体验的服务人员,企业的公众人物(如形象代言人)等,他们的言行举止、衣着打扮都会使顾客留下丰富、深刻的综合性体验。例如,在许多车展中,都可见车模站在名车旁摆出不同的姿势,吸引前来参观的观众,因为"香车美人"对于消费者来说是非常直接的连接点,通过车展模特传递不同汽车的文化理念,加深消费者对该汽车的品牌印象,同时为车展带来更丰富多彩的体验。

3)主题会展

随着经济持续快速发展,中国消费者正发生巨大变化,多元化的生活方式对应着互不相同的价值观念和信仰,不同生活方式的消费者对于商品和服务都有不同的需求,并且崇尚与众不同的个性表达,不少专家预言中国正进入个性化消费时代。有信仰某种生活方式的人群存在,就有一个特定的消费市场存在,锁定这样一个特色市场,就给参展商找到一个商品开发、销售的新天地。因此,主题会展是能够锁定某种有同样生活方式和信仰的消费群体,依据他们的需求转化为自身特色,最终形成承载着某个消费群体价值观念、生活方式、以个性化消费市场为中心的主题会展。

这种有个性、有特色的主题会展与传统的行业性专业会展并不相同,主要区别在于传统的专业会展是"物以类聚"的模式,按照商品类别划分;而新型主题会展是通过"人以群分"来进行,也就是按照消费者生活方式来划分。主题会展的创新之处是跳出了行业性专业会展的套路,规避了趋同,创造了特色,提高了对参展商的吸引力,开辟了无限的商机。

主题会展在个性化消费时代越发表现出无限生机,但是,有4个要点是在开展主题会展中需要注意的:

①主题会展必须以研究消费者生活方式为切入点,在此基础上确定这种生活方式所代表的核心思想,提出吻合特定消费者群体的价值观念的主题,并以主题号召、聚集、激发、引导消费,从而开发、培育一个有特色的消费市场。这个"主题"就是主题会展的旗帜,主题会展的灵魂,也是主题会展的品牌。

②围绕主题,彻底打破行业界限,按照相关性的原则组合展品。假如我们搞一个"时尚家园"的主题会展,就可以按照客厅、卧室、书房、餐厅、厨房等的布局来组合展品,只要是符合这个主题的展品,不管是属于家具类,还是电子类、针纺织品类、工艺美术类等都组合到一个主题会展之中。最主要的是,每一种参展商品都要体现主题会展的核心思想、核心理念,不能违背它所代表的特定消费者群体的生活方式和价值信仰,围绕"主题—市场"不断开发产品。

③主题会展以培育参展商品的市场、创造参展商品的市场为己任,把很大的力量用在组织会展之外,运用多种宣传手段传播主题所代表的生活方式、价值观念,在消费者中赢得更多的"信众",从而造就一个稳定的消费者群体。成熟的主题会展可能拥有由信仰相同的生活方式的消费者所组成的俱乐部式的团体。像"火人节"之所以影响力越来越大,就是因为它拥有一批喜欢艺术创作和互动艺术来表达自我,追求以激进的方式展现自我的信众,所以,即使它的门票每年都在增长,仍然阻止不了信众们对它的追捧,人数由原来的3个人增加到2012年的56 149人。

④主题会展需要围绕主题开展一系列活动,主题会展是这些活动的舞台。这些活动必须有利于强化主题所代表的生活方式,有利于凝聚特定消费者群体的人心。活动的内容可以是竞赛、经验交流和专题研讨等。例如巧克力品牌士力架,在2010年开始将"酷玩儿日"这一发源于俄罗斯的洋节日引入了中国市场,在这一天专门针对中国喜欢运动、喜欢娱乐、喜欢挑战极限的年轻族群开展了一系列营销活动,通过极限运动秀、摇滚乐队演出等将品牌的声音通过不同的渠道进行了有效传播,在年轻潮流群体中打造了良好的口碑。

【实训项目8-9 会展品牌创新——步骤9】

第一步:学生分组,小组讨论一个中国的城市,根据该地地方特色,为其选择一个合适的专业会展。

第二步:小组讨论,为步骤一所选择的会展,策划一些体验式的设置或活动。

第三步:小组讨论,根据之前设定的专业会展类型,讨论出三期主题。

第四步:给学生评分(表8.5)。

表8-5 评分表

大类指标	指标分解	指标分值/分	学生互评/分（权重30%）	教师评分/分（权重70%）	总分/分
地方特色结合	相关性	15			
	创新性	20			
体验活动结合	相关性	15			
	创新性	20			
主题结合	相关性	15			
	创新性	15			

任务4 关系营销创新

活动1 认识会展客户关系营销

1）关系营销的定义

关系营销，就是把营销活动看成一个企业与消费者、供应商、分销商、竞争者、政府机构及其他公众发生互动作用的过程，其核心是建立和发展与这些公众的良好关系。

关系营销的概念是由美国著名学者、营销学专家巴巴拉·本德·杰克逊于1985年提出的，关系营销概念的提出，使人们对市场营销理论的研究迈上了一个新的台阶。此后，关系营销理论迅速风靡全球。

关系营销的本质是人本营销。人是讲交情的，特征就是你来我往。让客户接受你，才能进一步接受你的产品。

【案例导入】

中国进出口商品交易会

中国进出口商品交易会，又称广交会，创办于1957年春季，每年春秋两季在广州举办，迄今已有60多年历史，是中国目前历史最长、层次最高、规模最大、商品种类最全、到会客商最多、成交效果最好的综合性国际贸易盛会。

广交会以进出口贸易为主，贸易方式灵活多样，除传统的看样成交外，还举办网上交易会，开展多种形式的经济技术合作与交流，以及商检、保险、运输、广告、咨询等业务活动。来自世界各地的客商云集广州，互通商情，增进友谊。

2019年，第125届广交会累计出口成交1 995.24亿元人民币（折合297.3亿美元），比2018年春季广交会下降1.1%；境外采购商到会195 454人，来自213个国家和地区，比2018年春季广交会下降3.88%。其中，对"一带一路"沿线国家和地区出口成交106.3亿美元，同比增长9.9%，出口成交额占本届广交会总成交额的35.8%。

为积极应对新冠肺炎疫情影响,2020 年第 127 届广交会于 6 月 15—24 日在网上举办,为期 10 天。

成功的会展离不开行业内众多企业的长期支持和合作。与客户建立长期良好和稳固的合作关系也越来越重要。这就需要会展关系营销。

2)会展客户关系营销

会展客户关系营销,就是在会展营销活动中,办展机构通过与参展商、专业观众、政府机构和行业协会等社会组织建立良性互动关系和长久关系,达到拓展市场、维持顾客长久关系、保持顾客高度忠诚,最终达到公司与顾客长期盈利的"双赢"结果,以实现会展企业的可持续发展。

3)会展客户关系营销的基本特征

(1)双向沟通

通过展会认识并进行沟通交流,而这种沟通应该是双向而不是单向的。只有广泛的信息交流和信息共享,才可能使企业赢得各个利益相关者的支持与合作。

(2)建立情感

通过沟通,关系能否得到稳定和发展,情感因素起着重要作用。因此,关系营销不只是要实现物质利益的互惠,还必须让参与各方能从关系中获得情感的需求满足。

(3)跟进服务

展会关系营销要求建立专门的部门,跟踪顾客、分销商、供应商及营销系统中其他参与者的态度,了解关系的动态变化,及时采取措施消除关系中的不稳定因素和不利于关系各方利益共同增长的因素。同时,通过有效的信息反馈,及时改进产品和服务,更好地满足市场的需求。

(4)促成合作

一般来说,关系有两种基本状态,即对立或者合作。只有通过合作才能实现协同,因此,合作是"双赢"的基础。

(5)实现双赢

实现双赢,即关系营销的目的是通过合作增加关系各方的利益,而不是通过损害其中一方或多方的利益来增加其他各方的利益。

4)会展客户关系的生命周期

会展客户关系的生命周期是指会展与客户的关系所能维持的时间。即客户从不信任到信任的过程就是客户生命周期的变化过程。一般有以下 5 个阶段:

(1)关系培育阶段

展会通过市场细分,确定特定的目标客户群,并通过市场调查识别目标客户的需求,然后针对这些需求采取有效的营销手段吸引他们对展会的注意,使目标客户逐步对展会产生一种认知。

(2)关系确认阶段

通过展会的宣传推广等营销手段和口碑传播,客户在持续认知展会的基础上开始考虑是否参加该展会。客户一旦参加了该展会,则客户与展会之间的关系就得到初步确认。一旦做出参加决定,就变成现实客户。

（3）关系信任阶段

如果参加几次展会以后，客户已经完全信任该展会能实现自己参加展会的目标，那么他就会成为展会的忠实客户，展会与客户之间的信任关系就得以建立，成为忠实客户。

（4）关系弱化阶段

客户的需求和参加展会的目标是随着时间的变化而变化的，除非展会能不断创新以满足客户的需求，否则，客户在参加展会几次之后必然会发现展会已经对自己没有吸引力，参加展会的所得很小而成本却很大，这时，他们对展会就会由信任变为不信任。一旦客户对展会产生不信任，客户与展会的关系就将开始弱化。

（5）关系消失阶段

一旦客户与展会的关系开始弱化，展会不及时采取补救措施，那么该关系就会继续弱化，当这种弱化的客户关系达到某一个客户不能容忍的临界点时，客户就将不再参加展会，这时，客户就会流失，展会与客户的关系就将基本结束。如果经过展会的客户挽留措施，客户还是难以挽回，那么，展会就将失去该客户，展会与客户的关系就将消失。

5）提升客户关系的忠诚度

客户关系生命周期的上述5个阶段，描述了展会与客户的关系发展的一般过程，揭示了展会与客户的关系由弱到强，又由强到弱的一般变化规律。客户关系生命周期的5个阶段变化规律对我们提高客户关系管理水平、提高客户对展会的忠诚度仍具有重要的作用。

①延长客户关系生命周期，最重要的是要延长客户关系的"关系确认阶段"和"关系信任阶段"，尤其是要延长"关系信任阶段"。最重要的是不断跟踪客户的要求，努力提高客户对展会的满意度，增加客户的价值。

②在客户关系的不同发展阶段，展会客户工作的重点应有所不同：

在关系培育阶段，展会客户工作的重点应放在展会的宣传推广等营销方面，这样才能更好地让客户认知展会。

在关系的确认阶段，展会客户工作的重点应是提高展会的效果，这样才能满足客户的参展需求，增加客户的价值。

在关系的信任阶段，展会客户工作的重点应是跟踪客户的需求变化，采取措施满足客户变化的需求，这样才能继续保持客户对展会的信任。

在关系的弱化阶段，展会客户工作的重点应是找出客户对展会产生不满意的原因，并采取措施消除这些使客户产生不满的因素，重新赢得客户的信任。

在关系的消失阶段，展会客户工作的重点应是尽量消除客户流失给展会带来的不利影响，而且要通过创新继续保持展会的吸引力和竞争力。

【实训项目8-10　认知关系营销——步骤10】

分组讨论：

1.怎样才能赢得客户的信任，延长客户关系的生命周期？

2.像广交会那样客户多，客户要求不一，如何满足客户个性化的要求？

活动2　了解会展客户关系管理CRM软件

【案例导入】

中国对外贸易广州展览公司实施CRM案例

一、背景资料

中国对外贸易广州展览公司(简称CFTE)是承办中国出口商品交易会的企业,是目前中国最具实力和影响力的专业展览公司之一。公司主要业务包括:主办、承办、合作举办各类大型国际博览会;组织出国展览;策划组织大型商业活动。公司秉承"诚信可靠、优质服务、专业办展"的宗旨经营,赢得了业内的好评。公司每年自办、合办、承办各类大型国际专业商贸博览会10多场,出展面积在全国同行业中名列前茅。

图8-11　CRM解决方案

CFTE并不满足于依托广交会的现有资源,而是在不断发展创新,持续增强企业竞争力。CFTE完成了展会业务管理系统、OA办公系统及网上展会预约系统等多个应用系统。针对企业客户数量多,缺乏完整、关联的客户信息管理,难以整合多种沟通渠道管理客户接触,业务统计分析费时、费力,数据准确性把控、更新与跟踪困难等问题进行解决。

二、CRM解决方案

针对这些问题,CFTE通过深入考察后,选择了微软的会展行业客户关系解决方案(简称微软CRM),并由天正计算机服务有限公司负责顾问咨询与实施工作。微软CRM可以满足CFTE当前的客户关系管理需求,并可以灵活地适应未来的业务发展(图8-11)。

CFTE CRM相应的功能模块包括:

1. 客户档案管理

在招商活动中,需要对客户联系人和客户单位都进行一定程度的管理。每次接触,都针对具体的联系人,因此联系人重要;而联系人工作变动的情况时有发生,单位却相对稳定,因此单位也重要。

管理的内容主要是:管理客户单位、客户联系人的数据,包括基本信息(名称、姓名、业务类型、通信联络方式),以及市场营销活动记录、客户需求调查记录,未来应用深入,还要更具体地管理到每次接触记录(如DM联络记录、邮件接触记录、电话联络记录、到场观展记录)等。

2. 展会项目

以项目方式管理展会的计划、组织、协作、预算及费用执行等情况,并可以将展会针对客户的工作分解为招商活动管理及客户调查活动两部分进行集中管理。

3. 招商活动管理

对于客户来说,最主要的市场营销活动类型是:招商活动、调查活动、提供参观展会的优惠或便利措施。招商,是通过针对性地传递展览会信息,邀请潜在的客户或相关人士到展览会现场的市场营销活动。调查,主要是针对到场客户或网络注册客户,进行需求和满意度等的调查。需要对招商活动的主题、对应的展览会、活动的起/止日期、所用的接触渠道、费用预算、预期响应数量、负责人等进行管理。除用字段描述招商活动的基本信息以外,招商活动还与以下记录关联:

(1)计划任务

计划任务指为完成招商活动或某一子活动而计划的行动,以及完成情况。

(2)招商子活动

某展会项目的招商整体工作可以视为一条招商活动记录,而历次的邮件接触、短信接触、DM 等,可视为一条招商子活动。一个父招商活动可以带多个子活动,一个子活动只能归属于一个父招商活动。

(3)目标客户名单

从客户数据库中筛选出来的一批客户单位或客户联系人名单。

(4)市场响应

客户收到活动信息后,反馈回来的信息记录。

(5)预约观展名单

市场响应为"是"的那些客户单位或客户联系人,自动生成预约观展名单,该名单可导出。

(6)目标展会

展会项目总体描述。

(7)展会宣传资料

以 Word, Excel, PPT, PDF, JPG, GIF 等为主的多种文档附件。

(8)工作流程

主要包括活动审批工作流;参展定期提醒工作流。

4.客户调查活动管理

当前主要通过展览会现场对到场客户进行抽样调查。现场调查的好处是样本的有效性比较可靠。不久的将来会通过网站的方式进行调查。需要对调查活动的主题、对应的展览会、活动的起/止日期、所用的接触渠道、费用预算、预期调查数量(中)、预期调查数量(英)、负责人等进行管理。

除用字段描述调查活动的基本信息以外,调查活动还与以下记录关联:

(1)目标调查者名单

从客户数据库中筛选出来的一批客户单位或客户联系人名单。当前在展览现场的抽样调查,不需要使用此功能。未来如做定向的电话、邮件调查,可用到此功能。

(2)调查问卷

当前一般有两份调查问卷,中文调查问卷和英文调查问卷。

(3)调查答卷

当前调查答卷均是纸质的,答卷所提供的信息,一部分是被调查者的基本信息,另一部分是被调查者对于自身兴趣、需求、满意度等方面的信息。纸质的调查答卷信息,先录入到文档,然后用专门的导入工具批量导入。

(4)目标展会

展会项目总体描述。

5.沟通渠道管理

(1)门户网站"网上客户登记系统"集成

客户通过 CFTE 各个专业展会网站,进行参展(观展)的预约登记工作,记录的信息由微软 CRM 进行统一管理,并触发相关的业务处理流程,如与客户确认、自动短信确认等。

(2)邮件系统集成

通过微软 CRM 进行客商邀请群发工作及与客户之间来往的邮件沟通工作,可在微软 CRM 界面收、编、发工作邮件。邮件可以与招商活动、客户联系人等关联。

(3)手机短信集成

采用与中国移动的短信信息机进行集成工作,支持通过微软 CRM 进行单条发送、群发、定时发送及事务触发,广泛应用于客户邀请、事务处理提醒、自动客户关怀等内容。

(4)DM 信封套打

支持通过微软 CRM 内置的邮件合并模板,批量地套打 DM 信封。

(5)传真集成

支持传真服务器管理,实现在微软 CRM 中进行传真的发送及接收,或通过事务自动触发传真服务给客户。

6.数据维护工具

微软 CRM 提供一个专门的数据维护工具,可以接收来自多个渠道的客户信息,与 CRM 系统中的客户档案记录做关联,进行批量的客户数据上载或更新,如批量地导入外购的潜在客户数据。

7.营销统计分析

(1)客户构成报表

报表主要维度:产品类别、业务性质、主要销售场所、到场展会项目、兴趣类型、地理区域(组)、数据来源、数据来源明细、客户来源、角色。

(2)招展/招商营销活动响应报表

分析维度:日期、沟通渠道;事实值:目标客户数量、响应数量。

分析维度:日期、地理区域(多个字段)、响应属性(参展、不参展、勿再联系)、客户来源(邮件、短信、传真、信函、网站宣传、杂志宣传、其他);事实值:响应数量。

(3)市场活动费效比报表

如能登记一个招展/招商营销活动、子活动花费的费用,可以从外部获得实际到场的客户人数,则可以统计每个到场客户对应的招展/招商营销活动费用。

(4)客户调查汇总报表

结合被调查者的属性,例如角色、地理区域(组)、业务类型等维度,可统计客户来源、采购量变化、满意度、目的、未来观展计划、未来参展计划的数量。

(5)客户到场统计报表

针对某一展会,对比分析邀请、响应、确认和实际到场的报表。

三、利益优势

1. 全面动态的客户资料管理

改变了以往 CFTE 客户资料分散、凌乱、残缺及过时的情况，微软 CRM 整合了企业内部所有部门、所有人员及所有系统中的客户资料，形成统一的客户视图。并且 CFTE 与客户的所有动态活动（电话、传真、邮件等）、业务情况（报价、合同等）都成为客户资料的一部分，动态地更新客户信息。

2. 多种沟通渠道整合，提升客户接触体验及工作效率

在展会组织过程中，需要与客户进行大量的接触联络活动，包括针对某个群体的宣传及与具体个体之间的联络。以往这些渠道分散，如短信是一个系统，邮件又是另一个系统，而客户资料又保存在另一个地方。在进行接触联系时往往需要将客户资料导出来再传到接触联系系统中进行操作，这造成工作效率低下而且容易出错以致影响到客户的体验。

3. 业务统计快速实时

微软 CRM 基于客户数据管理的基础，提供了大量的行业应用报表。基于报表工具，CFTE 在展会后的数据统计周期从 2 周缩短到 1 天，提高了统计的效率。

4. 业务协作更加顺畅

展会的组织过程需要大量的跨部门的协作工作，并且有许多外部的供应商进行合作，人多事杂是普遍的现象。微软 CRM 通过工作流引擎有效地提升 CFTE 的协作效率，自动提醒功能使展会的组织更加有序。

1）客户关系管理的定义

客户关系管理（Customer Relationship Management，简称 CRM），这个概念最初由 Gartner Group 提出来，并于 1993 年形成了比较完善的体系。

会展客户关系管理，就是办展机构通过收集客户信息，在分析客户需求和行为偏好的基础上积累、共享客户知识，有针对性地对不同客户提出的个性化要求，提供展会专业服务，培养客户对展会的忠诚度，实现展会与客户的合作共赢共荣。

2）会展企业引进 CRM 系统（客户关系管理）的重要性

由于会展越来越多，会展业已处于严重的展会同质化、竞争白热化的局面，大部分展会平均每年有高达 25%（有些展会更高）的客户流失，使一些成功展会逐渐丧失竞争优势。因此，不及时有效地解决客户关系管理中存在的问题，不重视客户关系管理系统的建立，客户资源的流失就不会停止，会展企业就很难获得具有品牌忠诚度的客户。对一个成功展会而言，具有满意度的成熟客户为展会带来的价值远远高于新客户的价值，因为，新客户产生的价值很难补偿成熟客户资源流失所带来的损失。在同样成本的条件下，科学制订改善客户关系管理的方法，将会直接体现在展会较高的赢利机会上。

国外研究显示，一个新客户开发的成本要比保有一个现客户的成本高出五倍之多。CRM 理论权威 Don Peppers 博士和 Martha Rogers 博士都曾指出："如果企业能将客户流失率减少 5%，利润将会有 100% 的增长。"在培养和提高用户对品牌展会的忠诚度方面，根据实践证明，仅以传统的经验与做法已很难奏效。

因此，客户关系管理 CRM 开始成为引领全球经济潮流的力量，会展企业引入 CRM 软

件,重新设计产品、重建组织流程,使其成为创新企业价值的核心。为顾客提供免费咨询服务,以此提高企业的客户服务质量,强化专业化的售后与咨询服务,吸引和留住客户,提升客户对展会的忠诚度。

3)会展管理软件 CRM 的内涵

CRM 软件是以客户满意度为中心,以客户管理理念为指导思想,以 IT 信息技术作为支撑工具的软件系统。

(1)CRM 是一种高级的经营管理理念

CRM 系统的核心思想是将企业的客户作为最重要的企业资源,为会展企业提供全方位的管理视角,赋予会展企业更完善的客户交流能力,使客户收益最大化的管理理念。

会展企业将客户的各种信息输入到计算机,通过 CRM 系统进行技术分析,为企业带来最佳的经济效益。完整的 CRM 软件包含数据管理、运营执行、策略制定、知识发现等四个不断循环推进的核心主题。

(2)CRM 是一种新型的管理机制

CRM 软件对企业实施质量管理、战略管理和对市场实施需求管理,并进行反馈控制。为了改善企业与客户之间的关系,系统以客户为中心来构架企业的管理机制,用客户关系进行营销精确制导,在销售过程以及售后服务中,为客户提供满意的服务。

(3)CRM 是一种采用信息技术集成的实实在在的软件

CRM 不是一个管理软件,最重要的是客户管理的思想,以客户关系管理理念的指导思想,采用数据挖掘、数据仓库等多种信息技术手段,为客户提供一对一的营销以及销售自动化,与最佳的商业模式紧密结合在一起,为客户提供最优服务。

(4)会展客户关系管理 CRM 软件的主要功能

会展客户关系管理 CRM 软件的主要功能包括系统管理、会展管理和业务管理三大部分。

①系统管理。

部门管理:对部门管理进行添加、删除、修改、查询、停止使用等操作功能。

角色管理:对角色管理进行添加、删除、修改、查询、停止使用等操作功能,并设置相应的角色权限。

用户管理:对用户管理进行添加、删除、修改、查询、停止使用等操作功能,并设置相应的部门与角色,使其有相应的权限进行操作访问。用户信息包含姓名、性别、年龄、生日、专业、所属部门、手机、座机、微信号、QQ 号、邮箱等。

客户类别管理:对客户类别管理进行添加、删除、修改、查询、停止使用等操作功能(如受保护的客户、公海客户等),并设置相应的时间保护期,一旦超过时间,自动划入公海客户。

保护类别管理:相关保护机制设置管理。

数据导入:批量导入展商、观众等。

数据导出:按各种条件导出数据。

邮件模板管理。

②展会管理。

展会信息相关设置管理,如添加、删除、修改、查询等操作功能;如该展会已有相应的订展客户,则不允许修改或删除展位图信息,并同时支持多个展览会操作。

展会的展位图通过 Excel 上传,自动生成相应的展位图,同时可设置各展位价格与不同的部门招展范围和预留的情况,已订展位可显示该订展客户的相关信息。

展会报表,通过图表形式显示如 1 个月、1 周内总体招展个数、收全款个数、半款个数;任何时间的整体信息及每个人的月、周以及总体的招展详细信息。

③业务管理。

业务人员根据分配的权限对导入分配的客户信息进行管理,可以自行添加自己的客户信息,并可以通过客户类型来设置保护期限,但不允许自己修改客户相关信息,只允许有权限的工作人员进行相应修改,该工作人员同时可设置该客户的拥有者,一旦发生改变,该客户自动转到接收者名下,并同时保存修改日志。客户基本信息包含(省份、公司名称、产品类别、地址、简介、会刊信息、快讯、广告、备注、积分、积分开始使用时间)。在该客户下可允许建立多个联系人、联系人基本信息包含(负责人姓名、手机、座机、传真、邮箱、微信号、QQ 号等)。

客户一旦签约或签订合同,则状态自动成为已订,且在前台已订展名单显示;已订展名单中所查看到的信息数据由用户的角色决定(在角色权限设置中,可选择相应的查看部门)。

业务提醒功能。工作人员可设置需要提醒的客户,并设置时间期限,在当天登录时,自动提示信息,显示相应的提示内容,并输入拜访客户的结果,形成日志以便后期查询。

有权限的工作人员,针对客户填写相应的订展、展位款、会刊信息、快讯信息等项目,并将收到的款项显示在该客户相应的展位下。

4)会展管理软件 CRM 的应用设计

CRM 软件系统是一个通过不断学习和使用,从而将客户信息转化为客户关系的循环过程。这一流程的实施从建立客户信息开始,直到形成高影响的客户互动。其间会展企业不断采用各种策略,建立并保持与客户的关系,进而形成客户忠诚。会展企业的 CRM 流程设计包括以下环节:收集客户信息,制订客户方案,实现客户互动和分析客户反应,继而进入新一轮循环,循环往复,反复优化设计。

(1)收集客户信息,发现市场机遇

会展企业客户关系管理流程的第一步就是分析会展市场客户信息,以识别市场机遇和制定投资策略。它通过客户识别、客户细分和客户预测来完成。

会展客户识别即在广泛的客户群体中,通过从各种客户互动途径包括互联网途径、客户跟踪系统、呼叫中心档案等收集详尽的数据,并把它们转化成为管理层可以使用的知识和信息,使其从中识别出有参展需求的客户。

会展客户细分通过集中有参展需求的客户信息,会展企业可以对所有不同需求信息之间的复杂关系进行分析,按照需求差异进行客户市场的细分,根据展会的主题定位,从中选择某一单一客户需求群体,制订专门的市场营销举措。

会展客户预测是通过分析目标客户的历史信息和客户特征,预测客户在本次会展活动中可能的服务期望和参展行为的细微变化,作为客户管理决策的依据。

(2)制订客户方案,实施定制服务

这一流程是在全面收集客户信息的基础上,预先确定专门的会展活动,制订服务计划。这就加强了会展企业营销人员以及会展服务团队在展前的有效准备和展中的针对性服务,提高了会展企业在客户互动中的投资机会。在这一流程中,会展企业通常要使用营销宣传策略,向目标客户输送展会各项服务信息,以吸引客户的注意力。

①实现客户互动,追踪需求变化。

这是会展企业借助及时的信息提供来执行和管理与客户(含潜在客户)的沟通的关键性活动阶段,它使用各种各样的互动渠道和前端办公应用系统,包括客户跟踪系统、销售应用系统、客户接触和互动应用系统。通过与客户的互动,会展企业可以随时追踪有关参展商的需求变化以及参展后的有关评价,不断完善客户方案。

香港贸发局在这方面的经验值得借鉴。香港贸发局建立了一流的厂商资料库,根据不同专业将厂商分类,平时不定期沟通,及时获取客户需要的新资讯。举办会展时,向相关厂商及时传送信息,并发出邀请,送获邀厂商条码磁卡,凭卡入场。既保持了与客户的联系,又提高了参展者的质量。同时在展会结束后,会展企业仍然使用客户档案与顾客进行沟通,请专业人士对参展的观众情况进行分析,将由专业信息处理公司计算出的有关数据主动迅速地传达给各参展商,收集反馈意见与建议,以便进一步提高质量。

②分析客户反应,改善客户关系。

这是会展企业通过与客户的对话不断学习的过程。会展企业通过捕捉和分析来自客户互动中的数据,理解客户对企业各项营销措施所产生的具体反应,为下一个 CRM 循环提出新的建议,以此不断改善会展企业的客户关系。

随着我国会展企业向集团化、品牌化、国际化、信息化的方向发展,会展客户与会展企业的关系也将更为复杂,客户的个性化要求也将越来越多。因此,实施会展 CRM,关怀客户、提高客户满意度,并以此来增强客户的忠诚度是会展企业不断追求的目标。以客户为中心、视客户为企业资源与注重客户满意度的 CRM 管理思想不断在会展企业中应用,客户自然可以从中享受到更多、更便利、更贴近与更周到的服务,企业从而也会得到由客户满意度转化为客户忠诚度所带来的效益,使企业和客户得到"双赢"结果。

【实训项目 8-11　熟悉 CRM 软件——步骤 11】

1. 上网学习,进一步了解和熟识 CRM 软件的使用。
2. 了解中国对外贸易广州展览公司实施 CRM 软件应用情况(详见案例)。

活动 3　会展客户关系营销创新策略

会展客户关系营销创新的主要目标是降低客户的成本,减少企业的销售成本,创造企业和客户的价值,关键是留住客户和扩大客户群体。通过客户与企业建立基于信任、守信、交流和理解基础上的关系,从而购买产品和服务;通过满足客户的需求来留住客户;让那些感到满意的客户向他人传递强有力的信息;扩大客户群体。

1)会展关系营销创新思路

(1)客户获取渠道创新

不断增强企业内聚力,变被动获取为主动吸引。加强展会宣传力度,形成对客户的吸引力,提高管理和服务质量水平,建立良好的印象;借用三维媒体,变单一传播渠道为全方位出击,建立全方位的客户接触中心,选择和利用 E-mail、Web、手机短信、传真、电话、信函、专业杂志、广告等多元媒体进行;提供优质、快捷服务,采取各种措施积极应对,开展网络招展、网上机票与旅馆预订、及时回复客户的咨询以及网上下载客户需要的有关展览会的各种资料。

（2）客户保留策略创新

企业要以客户为中心,实时关注客户需求,不断跟踪和满足客户的动态服务需求,才能取得客户的长期信任;追踪与满足客户的服务需求,以个性化为目标,强调客户差异化需求,为客户提供一对一的个性化产品和服务;对于客户关键指标要给予特别关注:关注客户在展会上的交易情况,有效组织采购团,增加参展商的交易额,提高其参展效益;关注客户利益的最大化,实现双赢。

（3）客户满意途径创新

企业要实施全员满意策略,笑脸面对客户,不断扩展服务内容,用百分之一百的服务再加上百分之一的惊喜,让客户感到满意。

（4）客户忠诚培养创新

实施促销激励,采用价格折扣,免费或低成本地促销产品和服务等;加强彼此联系沟通,通过一定的途径,向会员客户无偿提供一系列商业供求信息,为重点参展客户提供展览知识方面的服务以及优先保证他们参加展览企业组织的各种培训等。

（5）客户价值提升创新

通过完善功能价值,在项目设计管理、场馆设计运营等方面为客户提供多元化的功能,实现客户价值的提升。

2）会展关系营销创新方向

21 世纪,以产品为导向的营销哲学将逐步转向以客户为中心,全方位满足客户需求,不断创造更新、更好的服务。会展业和客户关系管理（CRM）将从以往注重业务量的增长转向注重质的管理;会展业 CRM 的研发方向将从降低成本提高效率转向开拓业务、提高客户忠诚度。会展 CRM 系统的实施创新方向:

（1）CRM 理念创新

会展 CRM 系统的理念应基于"以客户为中心"待客态度、客户的价值观及整体会展品牌的价值。科学构建会展企业的核心竞争力;让会展企业的员工成功地分享业界与市场的经验;将激发员工斗志、增加客户忠诚度、赢得市场份额作为重要的基础工程。

（2）CRM 战略创新

会展 CRM 战略瞄准应为会展企业增加赢利的机会。"客户的忠诚度"是会展企业与客户关系的"良性因素"之一,会展 CRM 战略应从实现"品牌展会"收益的角度出发,发展、赢得、发现并且保持有价值的客户。

（3）统筹协调创新

无论是个人、团队还是整个会展企业都要更加关注客户的需求。会展 CRM 系统的协调功能应能"以变应变",即无论变化来自何方,如组织结构的变化、动机、补救、方法、企业文化,引导会展企业自身从理念到行为上实现根本的转变。

（4）工作流程优化

会展业的 CRM 工作模块要求会展企业从客户利益出发，"以客户为中心"地重新设计原有的工作流程。优化的工作模块应使会展企业通过务实、简化的工作过程带给客户好的印象，并提高其预期的回报，同时还使会展企业能获得良性的客户经验，CRM 系统对"客户经验"在客户关系中的价值进行总结利用。

（5）完善信息系统

会展业的 CRM 需要一系列的客户信息，包括组织结构、紧密结合的操作和分析系统。信息模块应优化杂乱无章的部门设置、数据库和操作系统的使用，有计划地搜集、管理和平衡客户信息资源，使会展企业更好地完成 CRM 的管理目标。

（6）重视新技术应用

影响会展企业对 CRM 技术决定的领域有：CRM 应用、结构问题以及集成。重视新技术的应用，新的技术模块应有更宽的兼容、扩展、升级、集成、网络化等空间，真正的 CRM 是需要客户中心无缝处理的，并且有集成企业和供应链的技术支持。

【实训项目总结评分——学生互评与教师点评】

选择一个知名展会，上网了解其营销的创新思路和方法，并视学生实训项目完成情况评分，完成表 8-6。

表 8-6　项目总结评分表

大类指标	指标分解	指标分值/分	学生互评/分（权重30%）	教师评分/分（权重70%）	总分/分
实训讨论	逻辑性	20			
	合理性	10			
微博营销	话题性	10			
	更新频率	10			
	粉丝数量	10			
CRM 软件	操作正确	10			
	分析合理	10			
关系营销分析	展会运用情况	10			
	重要性	10			

参考文献

[1] 金辉.会展概论[M].2版.上海:上海人民出版社,2011.

[2] 唐少清.会展运营管理[M].北京:机械工业出版社,2007.

[3] 张金祥.会展实务[M].2版.重庆:重庆大学出版社,2013.

[4] 李世杰,刘全文.市场营销与策划[M].3版.北京:清华大学出版社,2015.

[5] 刘玉玲,王吉方.市场调查与预测[M].3版.北京:科学出版社,2016.

[6] 华谦生.会展营销实务[M].杭州:浙江大学出版社,2019.

[7] 胡平.会展营销[M].上海:复旦大学出版社,2005.

[8] "会展策划与实务"岗位资格考试系列教材编委会.会展市场营销[M].北京:旅游教育出版社,2007.

[9] 杨顺勇,丁萍萍.会展营销[M].北京:化学工业出版社,2009.

[10] 王春雷,梁圣蓉.会展与节事营销[M].北京:中国旅游出版社,2010.

[11] 周杰.会展营销[M].重庆:重庆大学出版社,2018.

[12] 魏仁兴.会展营销[M].重庆:重庆大学出版社,2012.

[13] 盖伊·马斯特曼,艾玛·H.伍德.节事营销传播[M].范微,等,译.上海:格致出版社,2008.

[14] 格雷厄姆·贝里奇.节事设计与体验[M].蒋晓光,译.上海:格致出版社,2008.

[15] 苏朝晖.服务营销管理[M].2版.北京:清华大学出版社,2020.

[16] 张俐俐.旅游市场营销[M].北京:清华大学出版社,2005.

[17] 丁萍萍.会展实务[M].2版.北京:高等教育出版社,2015.

[18] 张永安.现代饭店管理[M].广州:暨南大学出版社,2004.

[19] 舒光美,张志纯.会展服务与营销[M].北京:北京师范大学出版社,2011.

[20] 文武赵.微博营销手册:企业和个人微博营销全攻略[M].合肥:黄山书社,2011.

[21] 何静,李海燕.创新能力开发与应用[M].广州:暨南大学出版社,2012.

[22] 金光熙.为创意痴狂:愉快地反转地球[M].千太阳,译.北京:化学工业出版社,2011.

[23] 雷鹏,杨顺勇,王晶.会展案例与分析[M].北京:化学工业出版社,2009.

[24] 魏中龙,郭小强.品牌形象与设计[M].北京:机械工业出版社,2009.

[25] 镇剑虹,吴信菊.会展策划与实务[M].上海:上海交通大学出版社,2005.